살림 잘하는 남자

■

김성순(金聖順)

1940년 서울에서 태어나 성동고등학교를 졸업하였다.

한양대학교 행정학과 3년 수료하였고, 69년 단국대학교 정외과 졸업.

72년 중앙대학교 대학원 행정학과를 졸업(행정학 석사)했다.

84년 한양대 대학원에서 행정학(복지 행정) 박사학위를 받았다.

경력.

66년 제4회 행정고시 합격, 서울시 사회과장, 올림픽 기획관.

보건 사회국장, 문화 관광국장, 초대 송파 구청장, 중구청장.

송파 구청장 역임 후, 95년 송파구 민선 자치 단체장으로 선출되었다.

저서.

《노인 복지론》(1981, 이우출판사)

《고령화 사회와 노동》(1985, 이우출판사)

《고령화 사회와 복지행정》(1990, 홍익제)

《생활 노년학》(1994, 운산문화)

시집 『세상을 거울로 보며』(1995, 박우사)

월간 《예술세계》 동인.

기타, 제1회 한국 지방자치단체 경영대상 수상(삶의 질 부문)

살림 잘하는 남자 초판 1쇄 1996년 10월 1일 · 3쇄 박은날 1996년 10월 25일 · 지은이 김성순 · 펴낸이 유명자 · 출판등록 1991년 7월 25일 · 본문 편집부 · 표지 디자인 이희재 · 전산 사식 코맥 · 인쇄 상지사 · 제본 남광제본 · 펴낸 곳 도서출판 장락 · 주소 서울시 종로구 인사동 153-3 금작빌딩 205호 · 우편번호 110-290 · 전화 (02)735-0307,8 (02)735-0309 · ISBN 89-85262-48-3 03360 · 값 7,500원 · 잘못된 책은 바꾸어드립니다 · 저자와의 협약에 의해 인지는 생략합니다

살림 잘하는 남자

김성순 씀

도서출판 장락

차례

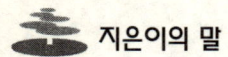

　지방 자치 평가한다고 신문들이 경쟁이다. 지역마다 특색이 있고, 행정 방법이 다르며, 주민들의 반응도 다양하기 마련인데, 마치 기말고사 성적표처럼 자치 단체별로 순위를 매기는 등 대서특필한다. 참으로 우스운 이야기다. 순전히 재미로만 하는 작업은 아니겠지만, 불쾌한 기분이 든다.

　다만 이해할 수 있는 부분은 그 만큼 자치제에 대한 국민의 관심이 크기 때문이 아니겠느냐는 점이다. 또 다행인 점은 평가내용이 대체적으로 자치제 실시를 성공적이라고 보고 있다는 사실이다.

　한편에서는 자치제를 두고 성급한 의견이 들려오기도 한다. 지방 자치 겨우 1년쯤 해 보고 이러쿵저러쿵 말이 많다. 재정 자립도가 어떻고, 생활권이 비슷한 좁은 나라에서 굳이 자치제가 필요하냐, 단체장들 능력이 천차만별이다, 지역 이기주의 때문에 국가 시책 못해먹겠다, 다시 임명제로 하자는 등 성질 급한 소리가 심심찮게 나온다.

　사전에 그러한 예측도 없이 자치제를 시행했단 말인가. 자치제 실시로 발생하는 문제들은 국가 발전을 향한 필연적인 과정의 하나일 뿐이다. 어떤 일이든지 문제는 있기 마련이다. 하나하나 바로잡아 나가면 된다 그것이 곧 발전이다. 송두리째 집어던지는 건 문제 해결이 아니다. 그것은 포기다.

이제 우리는 우리의 문화를 바꿔야 한다. 정치 문화, 행정 문화부터 바꿔야 한다. 민선 자치 시행 후 지난 1년 동안 전국의 자치 단체들이 나름대로 열심히 일해 왔다. 시행착오도 있었고 문제도 있었다. 그러나 그것은 하나의 잠재된 발전이기도 하다. 공무원들의 얼굴 표정이 달라지고 행정의 모습이 바뀌고 있음을 시민들이 피부로 느끼고 있다.

새로운 행정 서비스로 주민에게 봉사하기 위한 노력이 경쟁적으로 이루어지고 있으며, 부족한 재원을 보충하고 더 많은 일을 하기 위한 경영 행정이 도입되고 있다. 특색 없는 생활권에 이제 서서히 지역 특색이 나타나기 시작했다.

중앙에서 일하는 분들은 답답하고 속 뒤집히는 일이 가끔 있을지 몰라도, 지역 주민들은 '아, 이게 지방 자치구나. 뭔가 조금씩 달라지고 있구나!' 라고 공감하고 있다. 이처럼 좋은 기회를 놓쳐서는 안 된다. 왜냐하면 이들이 곧 이 나라의 주인이기 때문이다.

나는 송파 구청장을 세 번이나 맡고 있다. 남들 한 번 하기도 어려운데 인연 치고는 대단한 인연이다. 그건 숙명이다. 땀 흘린 보람의 흔적을 보고 느낄 수 있다는 것은 즐겁고 의미 있는 일이다. 산다는 게 무언가. 일하고 보람 찾는 것이지.

지방 자치 1년을 맞으며 그 동안 있었던 조그만 얘기들을 엮어 보았다. 어설픈 자랑이 아니다. 다부진 주장도 아니다. 자치 단체에 몸담고 있는 분들이나 각 기관 단체, 그리고 관심 있는 분들에게 참고라도 됐으면 하는 바램으로 쓴 이야기다.

때로 이러한 글이 개인이나 기관에게 중요한 자료가 될 수 있을 것이다. 마침 이런 이야기를 찾고 출판을 맡아 주신 도서출판 ≪장락≫의 유명자 사장님은 참으로 감각 있는 분이라는 생각이 든다. 고맙다. 책 이름을 『살림 잘하는 남자』라고 붙여 주었는데 그렇게 되도록 노력해야겠다.

능숙하게 원고를 정리해 준 이지연 씨에게도 고마운 마음 전한다. 내 솜씨로 자판을 토닥거렸으면 이 책은 한 달은 늦게 나왔을 것이다.

그리고 무엇보다 늘 나의 곁에서 지켜 주시고 수시로 좋은 생각, 아름다운 일을 만들어 주시는 하나님께 감사드린다.

이 책이 우리 나라 지방 자치 발전에 조금이나마 도움이 되고 읽는 분들에게 참고가 된다면, 그것은 나에게 소중한 보람이 될 것이다.

나도 이제 휴가를 가야겠다.

1996. 8. 25. 저자 씀.

제1장 시민에게 신뢰와 비전을

단체장은 주민에게 꿈과 비전을 주어야 한다
그리고 이를 달성하기 위한, 가시적이고
구체적인 방법이 모색되어야 한다
그렇게 함으로써
주민은 신뢰와 희망을 가질 수 있다

서울, 서울 사람

1천만이 넘는 서울 인구 중에서 서울의 전통
을 이어 가는 사람은 얼마나 될까. 일단 서울
이라는 용광로에 들어오면 서울 시민으로 전
통의 맥을 이어가야 한다.

모든 도시는 그 도시만이 갖는 독특한 이미지가 있
다. 특히 오래된 도시일수록 그렇다.

도시의 특색은 그 도시의 환경 여건과 그 곳에 사는
사람들과 관계 있다.

영국의 제임스 쿠퍼는 일찍이 〈신은 전원 田園을 만들고 인간
은 도시를 만들었다〉라고 말해 사람에 의해 만들어진 도시를 찬
양했는데, 이는 도시의 여러 건축물 등 인공적인 아름다움뿐만
아니라 그 도시에 살고 있는 사람들의 집단 생활에서 오는 인정
의 오감과 풍습의 아름다움을 모두 포함한 것일 게다.

도시의 역사가 깊을수록 그 도시 사람들이 보여주는 하나의
상像이 자연스럽게 형성되기 마련이다.

예컨대 뉴욕 하면 비록 지저분하고 음산한 빌딩가 뒷골목이

시민에게 신뢰와 비전을

떠오르기는 하지만, 뉴욕 시민이 주는 전체적인 이미지는 역시 세계를 주름잡는 비즈니스 도시를 연상케 한다. 워싱턴 하면 정치, 작업복 차림의 근면한 근로자와 공장이 떠오르는 시카고, 런던 하면 영국 신사, 자유분방하고 예술을 특히 사랑하는 파리인, 상냥하고 예의 바르며 검소한 동경인, 음악을 사랑하는 비엔나 시민들, 어딘가 크고 넓은 것 같은 그러면서도 소박함을 풍기는 북경인.

이러한 도시민이 갖는 특징은 하나의 전통이 되고 시민들은 이를 아끼고 다듬어 발전시켜 나가는 것을 자랑으로 여긴다. 이와 같은 도시민의 이미지는 도시의 자연 환경과 어울려 그 도시의 상이 된다.

그러면 서울 사람들의 특징 혹은 상은 무엇인가.

옛 선비처럼 예절 바르고 체면을 중히 여기는 사람들이라고 생각하는 이가 몇이나 될까. 해방 이후부터 통용되고 있는 〈서울 깍쟁이〉 정도가 서울인이 갖는 일반적인 상이 아닌가 생각된다. 그런데 지금은 도대체 〈서울 사람〉의 뜻 자체가 명확하지 않다. 서울에 살고 있는 사람은 모두 서울 사람이라고 할 수 있다. 서울 사람이라고 해서 다른 지역 사람과 비교해서 다를 게 있느냐고 따진다면 그 또한 틀리지 않다. 만일 그렇다면 아무 특징도 전통도 없음이 바로 서울 사람의 특징이 될 수도 있다. 다만 문제는 그래서 되겠느냐는 것이다.

서울인의 상이 반드시 서울 토박이들에 의해서 옛 모습 그대로 지켜지고 전해져야 하는 것은 아니다. 또 가능하지도 않다. 1천만이 넘는 서울 인구 중에 서울의 전통을 이어 온 사람이라고 해봐야 그 수가 얼마나 되겠는가.

서울이라는 용광로 속에 일단 들어오면, 서울 시민으로 생활하고 적응해 나가는 가운데 도시민으로서 새로운 이미지를 형성하게 되며, 이것이 서울의 특색으로 비쳐지고 이를 전통으로 이어 나갈 수 있어야 한다.

따라서 타지역에서 올라온 사람들이 얼마만큼 도시 생활에 적응하고 〈서울 사람화〉하여 대부분의 서울 사람이 갖고 있는 공통된 의식 구조에 적응할 수 있느냐 하는 점이 중요하다. 마치 갖가지 인종이 모여 사는 미국에서 피부색에 관계 없이 아무리 급해도 줄서기를 철저히 하지 않으면 안 되는 것처럼 말이다.

서울의 전통은 피터 드러커가 말했듯 지난 40년간 「세계에서 가장 심한 사회 변동」을 겪으며 무너져 왔다. 세종 8년인 1426년 당시 서울의 인구는 10만 3000명이었다. 해방 무렵만 해도 90만 1000명에 불과했다. 그러던 것이 1960년에 230만 명이 되었고, 1972년에는 무려 600만 명을 넘어섰다. 공업화가 진행되던 이 시기는 곧 도시화의 시기이기도 하다. 이 무렵 전국에는 마침 패티김의 「서울의 찬가」가 요란하게 유행했고, 농촌 사람들은 너도나도 서울로 몰려들었다. 〈서울〉의 흔적은 차츰 자취를 감추어갔다.

지금 서울 토박이를 넉넉잡아 100만으로 본다고 해도 서울 인구의 10%도 안 되는 셈이다. 더욱이 해외와 지방으로 이리저리 흩어진 점을 감안한다면 순수한 서울 사람은 이에 훨씬 못 미칠 것이다.

현재 서울에 살고 있는 사람들 중 약 58%는 출생지가 서울이 아니다. 날이 갈수록 서울을 비롯한 수도권으로의 인구 집중 현상이 가속화하고 있어 지난해 말 현재 수도권 인구는 무려 전국

인구의 42%를 차지한다고 한다. 한편 서울의 포화 상태는 주변 도시들의 인구 집중 현상을 가져 온다. 결국 서울은 각 지방에서 올라온 이주민으로 구성된, 50년 전과 전혀 다른 새로운 형태의 도시가 된 셈이다. 이러한 상황에서 인심 찾고 옛 선비 의식 찾고 전통을 찾는다는 것 자체가 무리일지 모른다. 이러한 점들이 〈서울인 상〉을 정립하는 데 어려운 점이다.

서울을 특징 지을 만한 환경적 정신적 상징물과 전통이 가물가물 사라져 가고 있다. 지조 있는 선비들이 거주하던 선비촌도 없고 남산골 딸깍발이도 이미 쫓겨간 지 오래다. 시민 정신도 흐트러졌다. 올림픽을 치를 때 잠깐 잡았던 〈손에 손〉도 올림픽이 끝나기가 무섭게 뿌리쳐 버렸고 그 감동의 기억은 너무 쉽게 사라져 버렸다. 아귀다툼의 경쟁 속에 산다는 것 자체가 피곤할 뿐이다. 〈우리〉를 잃은 〈나〉만의 삶이 팔꿈치를 요란하게 휘저으며 광기 어린 세계에서 경쟁하고 있다.

그 옛날 순진했던 시골 사람들이 괴나리봇짐 지고 올라와 서울의 〈어설픈 깍쟁이〉가 되었다. 〈우리도 한번 잘살아 보자〉는 국민적 한풀이가 지금 〈마구 벌어 마구 쓰고 마구 버리는〉 지독한 이기적인 시민 상을 형성해 가고 있다.

아무리 경제적으로 풍족하게 살아도 문화인이기를 거부하고 시민 의식을 저버린다면 결코 선진 시민이라고 할 수 없다. 야수적인 사고와 행동이 지배하는, 베르자예프의 이른바 〈야수주의〉가 판치는 사회에서는 동물의 법칙만이 지배할 뿐이다.

이제 서울 사람들은 새로운 〈서울인〉으로서의 상을 정립하고 가꾸고 지켜 나가야 한다. 그것은 충분히 가능하다. 역사상 가장 훌륭한 올림픽을 치른 서울 시민들이 해내지 못할 리가 없다.

아무리 인구 이동이 심하고 경상도, 충청도, 전라도 사람이 더 많아도 지금껏 서울말이 기 나라의 표준말로 사용되고 있는 것만 봐도 분명히 〈서울〉은 서울 어디인가의 구석구석에 남아 있다.

서울은 정치, 경제, 사회의 중심지이기 전에 문화의 중심지다. 다양한 문화가 집합하고 교차되면서 하나의 기층문화 基層文化를 형성하고 여기에 우리의 도시민의 정신을 쌓아 가야 한다.

인간의 정신력이 〈정신적이지 않은 것〉에 낭비되고 있는 시대에 사는 현대인에게 제 도습을 비춰 주는 대형 거울을 보여 주어야 한다. 〈사회가 명령하는〉 대로 사는 것으로부터 그 사회를 이끌 수 있는 정신의 거울을 마련해야 한다.

우리가 찾아야 할 바람직한 서울인 상, 세계의 모든 이들이 서울 하면 바로 머리에 떠올리게 되는 우리들의 이미지, 그것은 어떠한 것이어야 할까. 〈예의 바르고, 인정 있고, 활기찬 서울 사람들〉. 이것이 그저 희망 사항으로만 끝나서는 안 된다.

새로운 서울인 상을 정립하기 위해서 각계 각층의 노력이 필요하지만, 특히 구청의 행정 프로그램도 이와 같은 의식과 목표를 갖고 장기적인 안목으로 추진해야 한다.

서울인의 상을 먼저 송파구에서부터 세워 나가고 싶고 또 그것은 틀림없이 가능하리라 확신한다.

시민에게 신뢰와 비전을

송파 21세기 구상전

지방 자치는 지역 주민에게 가시적인 꿈을 주
어야 한다. 또한 그 꿈에 이르는 길은 분명해
야 한다. 그렇게 되어야 미래에 대한 기대와
확신을 가질 수 있다.

1980년대까지만 해도 21세기가 멀게 느껴졌는데
이제 21세기는 코앞으로 다가왔다. 그처럼 벼르고
기대한 새로운 시대가 오면 무엇을 어떻게 하겠다
는 것일까. 뚜렷한 지표 하나 없는 막연한 예감만으
로는 그 때가 되어도 지금이나 마찬가지일 수밖에 없다.

지방 자치는 지역 주민에게 가시적인 꿈을 주어야 한다. 또한
그 꿈에 이르는 길은 분명해야 한다. 그렇게 되어야 미래에 대한
기대와 확신을 가질 수 있다.

송파구는 서울 올림픽을 준비하면서 조성된 신도시로, 쾌적한
공원, 녹지, 도로 그리고 각종 체육·문화 시설이 고르게 잘 갖
추어져 있는 도시이다. 특히 수도권 동남부 지역의 중추 기능을
담당할 미래의 기능 도시로 발전해 나가기 위한 문정·장지 지

역의 개발이 중요한 사업으로 떠오르고 있고, 그 구상은 재개발, 재건축, 도시 설계 및 용도 지역의 조정 등 새로운 도시 문화의 창출, 사람과 자연이 조화를 이루는 인간 도시로 발전시켜 나갈 수 있는 것이어야 한다.

이를 위하여 「송파 21세기 구상전」을 개최하기로 하고, 다양한 구상과 의견들을 모으되, 전문가들뿐만 아니라 일반 시민의 참여를 유도하여 광범하면서도 우리들의 일상 생활의 변화에 대응할 수 있도록 기획하였다.

1994년 2월 전국의 대학, 대학원, 연구소 등으로부터 64점이 접수되었다. 많은 기관들이 우리 송파구의 미래를 위해 나름대로 구상하고 기획 참여함으로써 일단 높은 관심을 보여주었고 그것 자체만으로도 큰 수확이었다.

구상전은 김진애 박사가 주관하였으며 각계 각층의 의견을 들었다. 일개 구청에서 벌인 기와 같은 의욕적인 사업에 대해 관련 학계나 관심 있는 분들로부터 뜨거운 성원에 힘 입어 담당 공무원들도 밤을 새워 가며 송파의 미래를 키워 나갔다.

구상전은 총 4개 부문으로 나누어 공모하였다.

첫째, 쾌적한 주거 생활 환경 부문으로서, 잠실 아파트를 중심으로 한 노후 아파트 단지 재건축과 문정·장지동 미개발 토지의 활용 방안, 기존 주거 지역 환경 정비 등 지구 환경 정비 과제를 중심으로 하였다.

둘째, 활기 찬 업무 상업 활동 부문으로서, 지하 공간의 활용과 첨단 기능을 갖춘 새로운 업무 건축 유형의 개발, 행정 및 대민 서비스의 질을 높일 수 있는 공공 건축의 개발 구상을 통해, 21세기 송파의 서울 동남부 중심 도시로서의 기능을 높이기 위한 방안이다.

셋째, 개성 있는 문화 예술 공간 부문이다.

송파구의 특징과 개성적인 이미지를 연출하고, 송파의 역사를 체험할 수 있는 역사 탐방로와 문화 예술 회관 및 향토사 박물관 등, 송파구의 어메니티 amenity 를 자연스럽게 연결하는 문화 녹지망에 대한 아이디어를 발굴하여 이를 생활 환경화하기 위한 방안이다.

넷째, 다양한 휴식 레저 공간 부문이다. 공공 및 민간 투자를 통한 휴식 레저 공간을 구상함으로써, 시민 건강에 기여할 창의적인 프로그램을 적극적으로 개발하고자 한다.

각 대학 연구실 등에서 학교의 명예를 걸고 연구 팀을 구성하여 집단 연구를 하기도 하고, 개인적으로 독자적인 아이디어를 창안하여 작품을 제시하는 등 높은 응모율을 보였다. 그 결과 삼우 설계의 김창수 외 2인이 출품한「풍납 토성 주변 재조성 계획

▲송파 구청 전경

안」이 대상을 차지하였고, 총 25점이 입선하였다.

한편 송파구 직원 팀은 송파구의 일반 현황, 지역별 특성, 발전 구상 등 27점을 자체 제작하는 등 눈부신 활약을 보여 주었다. 그리하여 총 52점의 작품을 구청 6층 전시장에서 40일간 일반에 전시하였다. 전시 기간 동안 각 학교, 종교계 지도자, 기관, 단체 등 5,000여 명이 참관하여 21세기 송파의 미래에 대한 진지하고도 열띤 관심을 보여 주었다.

전시와 함께 구청 대강강에서는 구상전 응모자와 학생, 각계각층의 주민들 400여 명이 참여한 가운데 「송파의 이미지와 도시 환경 설계」를 주제로 포럼을 개최하여 토론을 벌였다.

구상전에 든 비용은 총 6,000만 원이며 전액 구 예산으로 충당하였다. 사업 규모나 성과에 비해 적은 예산이 든 것은 용역 방식을 택하지 않고, 구청 공무원들이 직접 공동 참여하여 많은 부분을 담당하였기 때문이다.

전시회를 계기로 구민들의 지역 발전에 대한 관심이 더욱 높아졌으며, 21세기 미래에 대한 비전을 갖게 해준 점은 큰 성과였다. 또한 전시회가 일과성 행사로 끝난 것이 아니라 후속 사업이 연결되고 있으며, 송파구 발전 계획의 길잡이가 되고 있다. 석촌호수 활용 계획, 자연과 인간의 친숙성에 관한 아이디어 등은 구 행정에 직접 간접으로 유익하게 활용되고 있다. 무엇보다도 주민들을 프로그램에 참여시킴으로써 실제 생활 속에 도움이 되는 구정을 개발하는 데 크게 기여하였다는 점이다.

응모 작품 중 오금동 김숙희 씨가 시민 아이디어로 제출하여 금상을 수상한 구 상징 소나무 동산 조성 제안을 받아들여, 송파구에서는 잠실운동장 앞 도로 양 옆에 소나무 동산을 조성하였다. 그 밖의 구상전 입선 작품은 송파구 도시 기본 계획과 연계하여 21세기 도시 개발의 기본 자료로 활용하고 있다.

　지방 자치에 있어서 주민 참여는 가장 중요한 요소임에도 불구하고 흔히 캠페인성 참여나 구 행정의 들러리식 참여가 많은데, 이들 참여의 내실화를 유도하고 활성화하는 것이 중요하다. 21세기 구상전과 같은 장래 발전 방향에 대한 전시회가 단지 보는 전시회가 아니고 참여하는 전시회였다는 점에서 그 의미가 한층 더해졌다고 할 수 있겠다.

송파 지역 사회 지표

송파 지역 사회 지표는 송파 구민의 현재 생활에 대한 만족도와 장래의 바램에 대한 욕구를 총체적으로 분석한, 자치 행정의 수준을 한 단계 높이기 위한 목표 관리 지향적 비교표이다.

이제는 자치 단체에서도 마치 정부에서 국민 조사를 통하여 사회 지표를 만들어 발표하듯이 〈지역 사회 지표〉를 가발하여 활용해야 할 때가 되었다.

사회 지표에 대한 관심은 1960년대 미국에서 나타나기 시작해 지금은 세계의 거의 모든 나라가 채택하고 있다.

흔히 경제 지표가 경제 변화를 이해하고 이에 대처하기 위한 경제 정책적 도구로 발전하였다면, 사회 지표는 국민들의 건강, 영양, 교육, 문화 등과 같은 사회 복지와 생활의 질에 대한 척도로서, 기존의 경제 지표만으로는 한 체제의 전반적인 사회 복지의 변화를 포괄적이고 체계적으로 파악하기 어렵다는 점이 인식되면서 시도된 사회 정책적 도구이다.

우리 나라는 1978년 이래 사회 지표를 공식적인 지표 통계로

시민에게 신뢰와 비전을

매년 작성하여 공표해 오고 있다. 처음에는 128개 지표였으나 1980년에는 151개, 1988년에는 243개로 계속 지표 조사 항목을 늘려 나가고 있다.

정부 차원에서 전국민에 대하여 욕구 조사를 하고 새로운 사회 지표를 만드는 것도 중요하지만, 이를 각 지방 자치 단체에서 그대로 적용하는 데는 무리가 따른다.

즉, 각 지역은 지역대로 특성을 살려 개발하고, 지역 주민의 생활을 향상시키기 위한 지역 복지 자원을 동원하려는 노력과 방법이 있어야 한다. 지역이 갖고 있는 잠재력을 발견하고 지역 주민의 욕구를 충족시키기 위하여 지역 사회 지표를 개발하여 단계적으로 보완 발전시켜 나가는 것은 매우 중요한 전략이다. 앞으로 정치 · 행정 지도자들도 이와 같은 안목을 가져야 할 것이다.

예컨대 국회 의원이건 단체장이건 후보자들이 공약을 할 때, '선진국을 만들겠다', '통일하겠다', '국민들의 삶의 질을 높이겠다', '세계화하겠다', '지역을 발전시키겠다', '신명나게 하겠다', '교통난을 해소하겠다', '복지 사회를 이룩하겠다', '살 맛나는 고장으로 만들겠다' 등 추상적인 얘기를 많이 하는데, 이제 그러한 방법으로는 신뢰를 얻을 수 없는 세상이 되었다.

'UN의 발표에 따르면, 삶의 질에 있어서 우리 나라는 32위인데 앞으로 4년간 25위로 끌어올리겠다, 이를 위해 문화 복지 부문과 체육 부문은 이렇게 하겠다……', '현재 우리 지역 탁아율이 몇 %인데 향후 10년간 수요가 몇 %로 올라갈 것이다. 임기 동안 탁아율을 끌어 올리기 위해 시설, 인원, 예산을 어떻게 하고 민간 부문 활성화를 위해 무엇을 어떻게 하겠다', '현재 교통

▲96년 8월 29일에 시행된 송파 구청 직원 계전거 출퇴근 모습. 교통 체증 해결은 구청부터 실천해야⋯⋯

난으로 길에서 보내는 ㅅ간이 얼마인데 얼마로 단축하기 위해 권역별 교통 체계를 어떻게 하겠다', '어느 지역에서 어느 지역까지 현재 몇 분이 걸리는데 무슨 방법으로 몇 분을 단축하겠다' 등 좀더 방법론적으로 구체적이고 현실성 있는 약속을 해야 한다. 그렇게 하지 않으면 우선 화려한 말 잔치로 당선되고 보자는 자세로밖에는 볼 수가 없다. 말 잔치로 끝나지 않으려면 보다 더 과학적인 데이터와 분석이 앞서야 하고 시스템 개발에 대한 안목이 필요하다.

　우리는 어떤 시책을 세을 때 흔히 다른 기관의 것을 그대로 채택하거나 모방하기도 하고, 일부를 수정하여 응용하기도 한다. 또 스스로 개발한다고 해도 분명한 목표, 의미, 기대 효과 분석 등이 충분히 뒤따르지 못하는 경우도 있다.

　이를테면 탁아소가 젊은 부부 세대를 보호하기 위하여 필요하다는 것은 누구나 인정한다. 그러나 그것이 구체적으로 입증되고 그 물량이 목표로 정해져, 연도별 탁아율을 높여나가는 중장 기적인 계획에 의거하여 탁아소를 지어야 한다.

또 도서관이 필요하여 건립하는 것은 좋은데 지역 수요 조사, 도서관의 중심 기능과 대상, 프로그램, 청소년 학습 지원 계획, 운영체 지정 방법 등 필요한 기능과 범위를 분명하게 정하고 예측할 필요가 있다.

극장, 체육 시설, 여성 교육 시설 등 모든 시설과 사업 프로그램도 마찬가지이다. 주먹구구식 행정은 낭비를 초래하고 효율성도 낮다. 따라서 주민의 신뢰도를 잃게 된다.

본격적인 지방 자치제 실시에 따라 지역 특수성과 여건에 알맞는 효율적인 발전 계획을 추진하기 위하여, 지역 주민의 행정 수요를 종합적으로 수집, 분석하여 지역 사회 지표를 개발하는 것은, 기초 자치 단체로서는 처음 있는 일이며 어려움도 많았다. 그러나 송파구에서는 이러한 개발 없이는 계획적인 행정 시책을 추진하는 것이 어렵다고 판단하여 각계 전문가들의 자문을 구하고 구체화하기로 했다.

송파 지역 사회 지표는 송파 구민의 현재 생활에 대한 만족도와 장래의 바램에 대한 욕구를 총체적으로 분석한, 자치 행정의 수준을 한 단계 높이기 위한 목표 관리 지향적 비교표이다. 이는 지역 주민의 삶의 질을 측정하고 지역 사회의 자원과 여건을 분석하여 지수 관리에 의해 미래의 생활 수준을 높여 나가자는 과학적 관리 틀이 된다.

지역 사회 지표의 개발을 위해서 우선 기존의 통계 자료를 수집, 검토한 다음, 활용 가능한 자료를 재구성하여 지표 작성에 이용하였다. 기존 자료로 활용이 불가능한 영역에 대해서는 송파구를 6개 중생활권으로 나누어 직접 사회 조사 방법인 면접 조사를 실시하였다.

지표 개발은 서울시 시정 개발 연구원에서 맡았고, 조사는 서울대학교 사회과학대학 부설 인구 및 발전 문제 연구소에서 자기 기입 방식으로 실시하였다. 조사표의 질문 항목은 주거, 안전, 주택, 환경, 교통 등 각 분야를 망라하여 총 62개 문항이었다. 지표의 체계는 인구, 가구, 가족, 주거, 안전, 정보, 통신, 환경, 소득, 교통, 소비, 고용, 문화, 교육, 사회 복지, 보건, 지역 사회 활동 등 13개 부문에 총 178개의 개별 지표로 이루어져 있다.

이들 항목은 현실적으르 주민 생활을 향상시키는 데 필요한 내용을 주로 선정하였지만, 경우에 따라서 현재로서는 활용하기 어렵거나 그 가치가 상대적으로 적다고 생각되어도 장래에 의미가 있다고 판단되는 항목은 함께 다루었다.

참고로 이 조사에서 보면 송파구의 핵가족 비율은 72.9%로 전국 68%, 서울시 69.3%에 비하여 높은 편이다. 이는 곧 젊은 부부들을 위한 행정 프로그램(탁아소, 여가 교실 등)의 요청을 나타낸다.

교육 수준을 보면 전문대, 대학 졸업 이상의 고학력자가 22.4%로 서울시민 전체 수준인 15.1%에 비해 크게 높게 나타나고 있다.

송파구민 중 57.7%가 1990년 이후에 이주해 온 사람들로서 향토애와 지역 주민간의 화합을 위한 시책이 필요함을 나타내고 있다. 또한 송파구민의 97%가 경제 성장보다 환경을 더 중요시해야 한다고 생각하고 있다.

이와 같은 조사 결과는 지역 복지를 위한 행정 시책의 방향을

시민에게 신뢰와 비전을

분명하게 제시해 준다.

송파 지역 사회 지표의 의의는 첫째, 송파구의 사회 구조적 특성과 우리 구민의 삶의 질을 파악함으로써, 정책 수립을 할 때 종합적인 정보를 제공할 수 있다는 점이다. 둘째, 구민들의 현재 생활 수준과 행정 수요를 양적, 질적 측면에서 분석함으로써, 구민 욕구를 행정 수요화하여 보다 효과적으로 대응할 수 있게 하였다는 점이다.

송파 지역 사회 지표가 본격적인 지방 자치 시대를 맞이하면서 자치구 최초로 개발되었다는 사실은 큰 의미를 지니는 한편, 그것은 또한 필요한 자료의 부족과 기초 자치 단체 자체의 행정 역량의 한계로 지표 개발 사업에 어려움을 겪게 하였다.

특히 아쉬운 점은 우리 구민의 삶의 질의 수준을 비교할 수 있는 뚜렷한 대상이 없다는 점이다. 이러한 한계를 보완하기 위하여 이 분야에서 이미 다양한 조사와 체계를 세워 시행하고 있는 미국의 잭슨빌 시를 비롯한 선진 도시에 직원들을 파견하여 구체적인 내용과 방법을 배워 오도록 했다.

앞으로 국내 지방 자치 단체에도 지역 사회 지표 개발에 송파구의 경험이 도움이 될 수 있을 것이다. 자치 단체간 비교 평가 방법에 의한 분석과 정책 및 새로운 행정 프로그램 개발을 위한 지표의 기준과 틀에 관한 정보의 교환은 각 자치 단체에 도움이 될 것이다.

송파 지역 사회 지표는 사회 상태의 종합적인 측정 및 사회 정책 개발의 준거 및 사회적 변화의 관리, 유도에 활용될 것이며, 나아가 대외적으로 송파 지역의 주민 생활에 대한 정기적인 사회 보고Social Report로 자리매김하길 기대한다.

살림 잘하는 남자

이와 같은 지표 조사는 앞으로 대략 3년마다 보완, 발전시켜 나갈 것이며, 오늘을 사는 주민 생활 수준이나 욕구뿐만 아니라 10년, 20년을 내다보는 미래 지표도 개발해 나갈 것이다.

지역 사회 개발의 모델, 거 · 마 지역 5개년 계획

〈마천동 석이네는 변소가 없어 발 동동 구르며 학교까지 간다〉 그러나 거 · 마 지역 5개년 계획을 통해 빌딩가로 자리 잡았다.

 지역 사회의 특성과 현상을 조사, 분석하고 가장 바람직한 발전 방향을 모색하며, 개발 모델을 세워 주민과 더불어 발전시켜 나가는 것은 흥미롭고 보람 있는 일이다.

거여 · 마천 지역은 서울시 도심으로부터 18km 떨어진 경기도 하남시와 연접한 서울시 최외곽 지역으로 1967년 창신 · 용두 지역 철거민들이 집단으로 이주하면서 형성되었고, 따라서 주민들의 생활 수준이나 환경이 매우 열악한 지역이었다.

1988년 강동구에서 송파구가 분리 · 신설되고, 초대 구청장으로 부임한 첫날 이 지역을 돌아보았다. 즐비하게 늘어선 무허가 건물들, 아침 저녁이면 으레 줄을 서는 공중 변소 앞, 좁은 골목 길, 쾨쾨한 냄새, 주택가를 관통하는 썩은 하천. 그 후에도 여러 차례 이 지역을 볼 때마다 머릿속에 남는 것은 아직도 서울에, 그것도 올림픽이 열리는 송파구에 이런 곳이 있구나 하는 생각 뿐이었다. 잠실·가락 지구 토지 구획 정리 사업으로 비교적 우수한 주거 공간을 가진 송파에서 상대적으로 낙후된 이 지역을 개발해야겠다고 굳게 결심하였다.

다만 어디부터 손을 대야 할지, 도대체 얼마만큼의 예산을 투입해야 할지 엄두가 나지 않았다.

거여·마천 지역 개발 계획은 주거 환경의 개선 및 사회·문화·복지 시설의 확충을 통하여 바람직한 정주 생활 환경을 조성하는 데 목적을 두어, ⑨ 첫 구상 단계부터 주민이 참여하고 ② 지역의 특성을 살리며 ③ 빈곤과 동시에 문화의 문제를 해결하고 ④ 환경 개선에의 주력 ⑤ 지역 사회의 가용 복지 자원의 최대 활용 ⑥ 직접 구호 지원보다는 자활 지원에 힘쓰며 ⑦ 빈곤의 세습화 방지 ⑧ 복지에의 노력에 주민 참여를 극대화할 것 등의 기본 바탕 위에 장단기 발전 계획을 수립, 사업에 착수했으나 막상 예산 등 수많은 문제에 부딪쳤다. 당시 여건으로 이 사업을 추진한다는 것은 매우 어렵고 획기적인 일이 아닐 수 없었다.

이를 위해 먼저 지역 주민의 의견을 수렴하기로 하고 조사에 착수했다. 1988년 9월에 실시한 주민의 생활 환경 인식 조사에서 세대주 및 가구의 일반적 특성, 생활 수준, 생활 환경에 대한 만족도, 주민이 느끼는 지역 문제 및 개발 방법 등에 관한 항목을 중심으로 총 32개 문항, 49개 항목의 선다형 설문을 작성해 1,500세대(표본율 약 10%)에 대해 표본 조사를 실시하였다. 그 결과 시설별 만족 순서는 식수 사정(83.4%), 하수도 사정(76.8%), 보안등 및 방범 시설(74.8%), 공중 전화 및 우체통 시설(73.2%) 순서로 나타났으며, 불만족 순서는 문화·복지 시설 (84.7%), 교육 환경(59.8%), 의료 시설(50.4%), 교통 시설 (49.2%) 순으로 나타났다.

특히 문화·복지 시설의 부정적 측면은 절대적 양의 부족에서 오는 불만으로, 문화 복지라는 말 자체가 생소하기만 한 실정이었다.

처음부터 철거민이 이주하여 이룩된 이 지역에서 기초적인 생존 수단 이상의 시설은 엄두도 낼 수 없는 형편이었고, 오늘날의 거여·마천은 당시로서는 상상하기도 힘들었다. 이러한 사정으로 장차 이 지역을 발전시키기 위한 단계별 계획이 필요했다.

보완책으로 ① 지역에 필요한 사회, 문화, 복지 시설의 입지를 강화하고 ② 교육 시설의 확충을 통한 교육 서비스를 향상시키며 ③ 이용자의 접근성을 고려한 공공 서비스 시설의 배치 ④ 생활 기반 시설의 보급을 향상시켜야 할 것으로 생각되었다.

곧이어 실시한 주민 활동 방식 조사 Image Map는 전수 조사를 통해 지역 주민의 주이동 통로와 주이용 도로 등 활동 방식을 파악하여 계획 지역, 가로망 계획 등에 반영하고자 했으며, 주요 조사 항목은 각자의 집의 위치와 출근할 때, 등교할 때, 산책할 때, 시장갈 때 주로 이용하는 도로, 넓혀졌으면 하는 도로 구간, 지역내에서 주민이 주로 이용하는 약속 장소, 애착이 가는 장소 등이었다.

가장 많이 이용되는 도로는 상가 및 활동 기능과 밀접한 폭 12m 도로였으며, 버스 정류장과 연결된 도로를 이용하여 직장을 다니고 있었고, 산책 길은 남한산성과 천마산 근린 공원 방향의 도로를 이용하는 것으로 나타났다. 큰길보다 작은 길이 많이 이용되고 있어 이를 확장해야 할 필요성이 나타났다. 그리고 놀라운 일은 당시 거의 모든 사람들이 올림픽 공원을 선호했고 오금 공원을 즐겨 찾았으므로, 그리 멀지 않은 지역인 거여·마천동 주민들도 새로운 현대식 공원을 주말에 자주 찾을 것으로 짐작했는데 조사 결과 그렇지 않았다.

즉, 이곳 주민 중 대다수가 남한산성 쪽을 찾고 있었다. 그렇다면 남한산성과 천마산을 공원으로 만들고 주민 휴식 기능을 부여해야 한다는 결론이 곧 나온다.

주민 의견을 듣고 함께 개발에 참여시키는 것은 주민 자치의 기본 요건이다. 따라서 주민과의 대화를 자주 가졌다. 주민 의견을 수렴하는 과정에서 주변 환경의 보전 및 생활 패턴, 그리고 주민들이 생활 환경에 대해 느끼는 만족 정도, 지역 개선을 위한 주민 의견 및 욕구의 변화를 반영하기 위해 주민과의 간담회를 6회 실시하였다. 설문 결과를 토대로 지역 문제에 머리를 맞대고 같이 풀어갈 기구의 필요성을 느껴 주민 대표와 한양대 여홍구 교수, 관계 공무원 등 총 32명으로 「거·마 종합 개발 추진 위원회」를 구성하였다. 곧 진지한 회의를 통하여 기존의 생활 환경을 점진적으로 개선할 수 있는 방안을 제시하였다.

주민들은 새로운 희망에 가득 찼고 행정 관청에 대한 전폭적인 신뢰를 보내 주었다. 생활 환경이 개선되고 큰 도로가 새로 생기고 빌딩이 들어서면 엄청난 부동산 가치의 상승이 기대된다. 그 당시 가장 중요한 사업은 마천 1, 2동을 가로지르는 복개 도로를 개설하는 일이었다. 도로가 생기고 버스가 다니면 그것은 천지 개벽은 아니더라도 굉장한 변동이다. 성내천 복개에 59억 원을 들여 개설하였다. 여기에 든 재원은 당시 올림픽을 앞두고 필요

시민에게 신뢰와 비전을

한 사업임을 주장하여 서울시에 특별 지원을 요청하여 전액 시비를 지원받았다.

이 도로 공사 하나로 특히 마천동의 모습은 하루아침에 달라지게 되었다. 개천가의 게딱지 같던 판잣집들이 성내천이 복개되어 4차선의 넓은 도로가 생기자 빌딩가로 변했다. 그 후에도 계속해서 재개발 재건축 사업으로 곳곳에 아파트가 들어서고, 종합 사회 복지관 3개소, 구립 어린이집 5개소, 노인정 18개소를 비롯 보훈 회관, 청소년 체련장, 아파트형 공장, 청소년 독서실이 들어섰다.

특히 지난 3월에는 지하철 5호선이 개통되고, 보다 안전하고 편리한 지구내 교통 환경 조성을 위해 지역 교통 사업이 추진되는 등 도로, 교통, 주거 환경 등이 크게 개선되어 거여 · 마천 지구는 쾌적한 주거 환경 지역으로 탈바꿈해 가고 있다.

89년부터 93년에 걸쳐 추진된 거 · 마 지역 종합 개발 5개년 계획은 그 후에도 계속하여 후속 사업으로 이어지고 있으나, 특히 계획 초기부터 주민과 함께 추진하여 이곳 주민들의 요구와 지역 특성을 충분히 살리고 사업 효과를 크게 높일 수 있었다.

총 139건에 달하는 크고 작은 사업에 356억 원이 투입되어 지역을 바꾸었고, 금년에 지하철이 개통됨으로써, 이 지역은 남한산성 밑에 자리잡은 서울에서도 드문 쾌적한 주거 환경을 이룩해 가고 있다.

도시 개발 또는 지역 개발에 주거 환경을 개선하기 위한 도로, 하천, 공원, 건축 등 흔히 물리적 측면을 강조한 물적 계획으로 일관하는 경향이 있으나, 거 · 마 지역 개발 계획에서는 처음부터 〈도시 개발〉이 아닌 〈도시 · 사회 개발〉을 염두에 두었다. 사회

살림 잘하는 남자

개발 측면의 강조는 날이 갈수록 그 효과가 가시화될 것으로 기대된다. 다만 구청의 계획이 마천 1, 2동에 집중된 반면, 거여동은 서울시의 계획으로 개발이 주도되었다고 할 수 있다. 앞으로 이 지역은 문화, 체육, 사회 복지 시설과 청소년 프로그램의 강화가 필요하다고 본다.

이 개발 사업을 벌이기 전에 마천동을 바라보며 시를 하나 썼다.

마천동 석이

마천동 석이네는 변소가 없어
발 동동 구르며 학교까지 간다

아침마다 공동 변소 줄서기 전쟁
고달픈 또 하루 웬수 같다

땅 값 솟고 빌딩 올라가도
마천동 석이네는 하수도가 없다
그래도 수돗물 잘 나와 그저 고맙다

석이 엄마 매일 찾는 새벽 기도회
변소 있는 집 달라고
석이 잘 크라고

앞을 보는 석이가
옆을 보기 전에
작은 소망 이루어졌으면
참 좋겠다

1989. 6.

송파를 빛낸 얼굴

자신의 가문을 빛낸 분을 기릴 줄 아는 시민
이라면 자신이 속한 지역이나 사회를 위해 헌
신적으로 일한 사람들을 기리는 것은 지극히
당연한 일이다.

송파구청 현관에 들어서면 벽면 높이 「송파를 빛낸
얼굴」이 있다. 매년 한 분씩 선정하여 시상하는데
93년부터 95년까지 현재 세 분의 초상이 걸려 있
다. 송파에 거주하는 분으로 국내외에 이름을 떨치
거나 우리 지역을 위해 특별한 업적을 남긴 분들이다.

우리는 흔히 지방 자치를 하려면 주민들이 주인 의식이 있어
야 하고 지역을 사랑하는 애향심이 있어야 한다고 한다. 익명성
이 점점 강해지고 자기 중심적으로 변해 가는 사회는 지역에 대
한 무관심 또한 날로 늘어간다. 따라서 크고 작은 지역 사랑 시
책을 펴고 주민 참여를 유도하는 것은 자치 행정에서 매우 중요
하다.

조상들의 얼굴을 그림으로 혹은 조각으로 남기고 사회에 유익

한 일을 한 사람들을 요소요소에 남겨 기리는 일을 특히 유럽 사회에서 흔히 볼 수 있다. 자신의 가문을 빛낸 분을 기리는 시민이라면 자신이 속한 지역이나 사회를 위해 헌신적으로 일한 사람들을 기리는 것은 지극히 당연한 일이다.

종전의 우리 사회는 직장 중심의 사회였으나 이제 서서히 가정 중심, 지역 중심의 사회로 바뀌고 있다. 예전에는 직장 일에 모든 힘을 쏟고, 밤을 새고, 술을 마실 줄 모르는 사람도 직장 일의 일환이라면 마셔야 한다. 부당하고 억울한 일을 당해도 참아야 한다. 이러한 현상은 지금도 여전하지만 근래에 들어와 많이 바뀌고 있다.

즉, 봉급도 중요하지만 휴식을 취할 수 있어야 하고 개인의 취미 생활이나 자기 발전을 추구할 수 있어야 한다. 직장의 상사는 부당한 지시나 명령보다 합리적인 설득에 의해 부하를 다스려야 한다. 이러한 요구는 특히 젊은 세대들에게서 강하게 나타난다.

▲「송파를 빛낸 얼굴」제1회에 선정된 인간 문화재 한유성 옹을 기리는 비를 세우고 「한유성 길」로 명명했다

직장도 중요하지만 내 자식이 다니는 탁아소나 어린이 공원의 시설은 어떤지, 구청에서 실시하고 있는 부인들을 위한 취미, 여가 레크리에이션은 어떤지 등이 관심사로 떠오르게 된다. 내가 사는 지역이 살기에 좋지 않으면 다른 곳으로 이사하면 그만이라는 생각을 하면서도, 내 고장이 좋은 곳으로 발전했으면 하는 바램이 더 크다.

자치 단체에서는 이러한 주민의 요구를 충족시켜 주려는 노력을 기울여야 한다. 많은 행정 프로그램이 있지만 지역에 애착을 갖고 일종의 긍지와 보람을 갖게 하는 정신적이며 정서적인 프로그램이 중요하다. 「송파를 빛낸 얼굴」은 그러한 행정 시책의 일환으로 매년 실시하고 있는 프로그램이다.

93년에 선정되어 94년 그월에 수상한 고 한유성 옹은 평생을 송파 산대놀이 보급에 힘써 온 인간 문화재이다. 그는 석촌동 토박이로 어렸을 때부터 송파 산대놀이를 따라다니며 춤을 익혀 왔으며, 1973년에 국가 중요 무형 문화재 49호 송파 산대놀이 및 1989년에는 서울시 무형 문화재 제3호인 송파 답교놀이 기능 보유자로 지정되었다. 오로지 송파 산대놀이와 송파 답교놀이를 위해 이 세상에 태어난 듯한 그는 최근 30여 년 동안 독보적이고도 눈부신 활동을 해 왔다.

서울 올림픽 당시 서울시에서 마련한 석촌 호수 놀이 마당을 주무대로 하여 효과적인 송파 산대놀이 보급 운동을 벌이기 전까지도 그는 전국 100여 개 대학교 민속반을 지도하는가 하면 산대놀이 정기 공연, 공연 지도로 그 저변 확대에 힘써 왔다. 뿐만 아니라 송파 산대놀이 탈, 의상, 소도구 재현과 고증 제작 보급에 앞장서는 한편 송파 옛 장터 재현 공연 등을 통하여 향토

시민에게 신뢰와 비전을

▲김영상 옹은 향토 사학자로 많은 저술과 문화재 보호 활동을 해왔다

전통 문화 발전에 크게 이바지하였다.

한유성 옹은 송파를 빛낸 얼굴로 선정되어 수상하던 해에 타계했다. 그를 기리기 위하여 구청에서는 석촌 호수 옆 코너에 그의 공적비를 세우고 그의 일생을 돌에 새겨 놓았다. 그리고 그 길의 명칭을 「한유성 길」로 명명하였다.

김영상 옹은 우리 나라 향토 사학자로 수많은 저술과 문화재 보호 활동으로 유명한 분이다. 그는 서울시사 편찬 위원으로 활약하였고 『서울 명소 고적』, 『북한산』, 영인본 등 다수의 역사와 문화 관련 서적을 냈다. 특히 《한국일보》에 연재했던 「서울 600년」은 시민들로 하여금 서울의 역사를 정리하고 향토 문화에 대한 올바른 인식을 심어 주는 데 큰 역할을 하였다.

서울시 문화재 위원으로 서울 문화재 보호와 보존 그리고 고증과 재현에 많은 역할을 하였고, 문화 유적지 150여 개소를 새로이 선정하여 표석을 설치하는 등 문화재 알리기 사업을 하였다. 1981년에는 〈서울 향토 사학회〉를 조직해 매주 고적지와 유적지를 탐방하여 문화재 인식 보급 운동에 앞장섰다. 한국 박물관회 부회장, 서울시 지명 위원회 위원으로 있으면서 특히 송파구 문화재 위원으로 추대되어, 한성 백제 문화제, 백제 고분제 등 향토 문화 사업에 크게 활약해 왔다.

1994년에는 서울시와 《한국일보》사가 주최하는 「서울 시민 대상」을 수상하는 등 나라와 지역의 향토 문화 보존 발전에 큰 업적을 남긴 분이다.

조범제 씨는 현재 배명 중고등학교 교장으로 재직하고 있는 분으로 평생을 이 나라 인재 양성에 몸 바쳐 온 분이다. 송파 토박이로 송파구에서 가장 먼저 중고등학교를 설립하였고, 몸소 교장직을 맡아 교육 사업에 힘써 왔다.

40년의 교직 생활을 통하여 교육과 지역 발전에 헌신해 왔으며, 특히 경로 효친 사상이 남달리 투철하여 모든 이들에게 귀감이 되고 있다. 현재도 86세의 부친과 89세의 모친을 모시고 있다. 학교가 단순히 대학 입학을 위한 도구가 아니라 장차 이 나라를 이끌어 나갈 인재를 양성하는 곳이어야 함을 주장하는 그는 전인 교육에 열과 성을 다하고 있다.

그는 학교 교육만 열심히 하는 것이 아니라 지역 사회를 위해서도 많은 활동을 하고 있다. 직능 단체 고문 또는 회장 등의 직책을 맡는가 하면, 선거 관리 위원회 부위원장으로 역대 선거를 무사히 치르는 데도 공헌하였다. 학교 주변은 물론 청소년 유해 환경 지역이나 우범 지역을 순찰하고 학생들과 함께 주변 청소를 실시하는 등 교육자로서 뿐만 아니라 지역 일꾼으로서 많은 분들로부터 칭송을 받고 있다.

▲조범제 씨는 교육자로 교육은 물론 지역 사회 발전을 위해 많은 활동을 하고 있다

현재 구청 현관 벽면에 이분들의 초상화만 걸어 놓았으나 앞으로 가로나 공원에 일정한 공간을 내어 동상을 세우고, 이들의 공적을 기리는 문구를 넣어 후손들이 이들을 존경하고 기억할 수 있도록 할 계획이다. 또한 공원이나 길 이름도 이분들의 이름을 넣어 명명할 계획이다.

앞으로 구청 벽면이 이분들의 초상화로 꽉 차고 가로나 공원 요소요소에 이들의 흉상이 건립되면, 송파구가 얼마나 품위 있고 문화적인 도시가 될까 하는 상상만으로도 가슴 뿌듯해진다.

구민 헌장

우리 생활에 무엇인가 정신적인 구심점이 되
고 지침이 될 수 있는 방향 틀이 있어야 한다.
그래야 지역을 사랑하는 마음도 생기고 봉사
심도 생긴다. 이러한 취지 속에서 구민 헌장
여 공포되었다.

지방 자치제가 정착되어 가면서 지역에 대한 관심
이 날로 증가해 가고 있다.

서울 같은 대도시의 경우 지역 주민의 구성이 특별
하게 형성된 것이 아니고, 여러 지역에서 모여든 사
람들에 의해 동네가 형성되고 구획을 긋다 보니 지역이 되었다.
물론 옛부터 살아온 토박이들이 있고 특정인들이 많이 모여 사
는 마을도 있다. 또 공동 관심사가 있거나 특별한 모습을 보여
주는 주민 활동으로 말미 암아 지역적 특성을 이루게 되는 경우
도 있다. 그러나 이러한 경우는 특별한 예에 불과하고 대부분의
주민들은 구와 구간 또는 동과 동간의 구분을 명확히 하지 않고
무관심하게 살아간다.

이제 자치제가 정착되면서 이러한 부분에도 행정적인 관심을

시민에게 신뢰와 비전을

기울여야 한다. 지역 주민의 구심력으로 작용하고 지역 사랑과 긍지를 심어 줄 수 있는 〈동질화〉 시책이 있어야 한다. 여러 곳에서 모인 이질적인 주민들을 새로운 지역 주민, 지역 가족으로 용해시켜 새로운 시민으로 변화시켜야 한다. 그 결과 시민 의식이 형성되고 지역의 힘이 솟는다. 이를 위한 여러 가지 시책과 프로그램이 있지만 정신적 생활 지침 같은 것이 먼저 강구되어야 한다.

이에 구민 헌장을 마련하였다. 그렇지 않아도 헌장이니 강령이니 하는 것이 수없이 많고 잘 지켜지지도 않는 터에 그것이 무슨 필요가 있겠느냐고 말할 수도 있을 것이다. 그러나 그럴수록 우리 지역에 맞는 우리의 것이 필요하다.

공무원 윤리 헌장만 해도 그렇다. 조례 때마다 낭독되는 공무원 윤리 헌장에 귀를 기울이고 그대로 실천하겠다고 다짐하는 사람이 과연 몇 명이나 되겠는가. 다짐은커녕 다른 생각을 하지 않고 끝까지 듣기도 힘들다.

예컨대, '민족 중흥의 최일선에 서서……,' 라는 표현도 이제는 공직자 뿐만 아니라 기업의 근로자, 경영자, 문화 예술인 등 많은 사람들이 땀 흘리고 있으며 국가 발전을 관 주도로 이끌어 가는 시대는 지났다. '이 생명은 오직 나라를 위하여 있고……,' 과연 그런가. 나라가 우선 중요하지만 이 생명이 〈오직〉 나라만을 위해 존재하는가. 우리는 진정으로 '민족사적 정통성 앞에 온 신명을' 바치고 있는가. '이 몸은 영원히 겨레 위해 봉사한다.', '충성과 성실은 삶의 보람이요……,' 우선 내용이 너무 딱딱하고 어렵고 지루하다. 그리고 지나치게 희생을 강요한다.

공무원 윤리 헌장은 정부에서 정한 공무원이 지켜야 할 덕목인데 수십 년을 두고 세대와 환경이 바뀌어도 그대로 해 오고 있다. 물론 헌장이나 강령을 수시로 바꿀 수는 없다. 또 그래서도 안 된다. 그러자면 처음 만들 때부터 오래가는, 수정이 필요 없을 만큼 간단 명료한 기본적인 방향이어야 한다. 그래서 듣거나 읽을 때마다 가슴에 되뇌이고 그것이 생활의 지침과 덕목으로서 새로운 활력을 불어넣어 줄 수 있어야 한다. 공무원 윤리 헌장이나 국민 교육 헌장, 기타 많은 윤리 강령들은 대체로 직능별·분야별로 그 대상을 정해 제정된 것이다.

우리 고장에 알맞는 생활 덕목을 만들고자 추진한 것이 바로 구민 헌장이다. 자치제가 정착되어 감에 따라 주민들의 생각도 많이 바뀌고 있고, 지역의 중요성을 점점 더 강하게 갖게 된다.

지역 문제에 날로 관심이 높아지고 행정도 지역에 알맞게 새로운 시책이나 프로그램을 개발해 가고 있다. 이러한 때에 우리 구민들이 지켜야 할 공동 생활 지표 혹은 덕목을 마련한 것이다.

▲송파구 의회 전경

그리고 우리 생활에 무엇인가 정신적인 구심점이 되고 지침이 될 수 있는 방향 틀이 있어야 한다. 그래야 지역을 사랑하는 마음도 생기고 봉사심도 생긴다. 내 지역에 대한 자긍심도 생긴다. 그것은 지역의 큰 힘으로 작용한다.

전문가와 학자들의 의견을 들어 구민 헌장 초안을 만들어 전문가, 주민 대표로 구성된 구민 헌장 심의 위원회에서 몇 차례에 걸쳐 심의하게 하여 주민 의견 수렴을 거친 후, 금년 초 구민 헌장 안을 확정하고 7월 1일 공포하였다.

송파 구민 헌장

여기 한강변 복된 터전 우리 송파는 한성 백제 500년의 문화를 꽃피우고 제24회 서울 올림픽을 치른 아름답고 살기 좋은 고장이다.

우리는 선진 문화 시민으로서의 긍지와 보람을 갖고 밝고 희망 찬 미래를 향해 우리 고장을 복지 송파, 문화 도시로 가꾸어 나가고자 이 헌장에 구민의 뜻을 밝힌다.

○이웃을 사랑하고 공공 질서와 도덕을 중히 여기며, 민주 시민으로서의 주인 의식을 갖고 지역을 가꾼다.(시민 의식)

○지역 문화 유산을 지키고 발전시키며, 문화 시민으로서의 긍지를 높인다.(문화 의식)

○자연과 더불어 사는 지혜를 익히며, 건강하고 아름다운 고장을 만든다.(환경 의식)

○어른을 공경하고 가정을 화목하게 하며, 청소년을 사랑하여 바르고 슬기로운 내일의 일꾼으로 키운다.(가정 의식)

○나의 일이 곧 지역과 나라 발전의 기틀이 됨을 인식하여 맡은 일에 최선을 다하는 송파인이 된다.(나라 발전)

각종 지역 행사에 이를 낭독하니 행사가 훨씬 돋보이고 주민들도 지역에 대한 새로운 다짐과 긍지로 우선 눈빛이 달라지는 것 같다.

각종 유인물에 구민 헌장을 담고 가로 공원 등 여러 사람들이 볼 수 있는 장소에 구민 헌장비를 품위 있게 제작하여 설치하면, 송파인의 자긍심과 특히 청소년들에게 애향심을 고취하는 데도 효과가 있을 것이다. 뿐만 아니라 이제는 각 동洞별로 주민의 독특한 동질성을 확보하고 지역 발전에 앞장설 수 있도록, 주민 자치 체제를 갖추고 참여 동기를 유발해야 한다.

이를 위해 각 동별로 특색을 담은 동기洞旗를 제작하여 각종 행사에 동의 명예와 단합을 드높이도록 하고 있다. 이러한 일도 구민 헌장과 더불어 지역에 대한 긍지와 애착을 더해 주고 지방 자치 발전에 큰 몫을 하게 될 것으로 기대된다.

시민에게 신뢰와 비전을

송파구와 월드컵

> 월드컵은 단순한 축구 경기가 아니다. 관광·
> 문화·환경·질서·친절·경제·평화 월드컵
> 이다. 경기는 선수들이 뛰지만 시민도 부지런
> 히 뛰어야 한다.

월드컵을 일본과 공동 개최하기로 결정한 직후인
6월 5일 일본 NHK-TV로부터 전화가 걸려 왔다. 내
용인즉 월드컵 개최 준비와 관련하여 송파 구청장
과 인터뷰를 원한다는 것이었다.

월드컵 준비는 앞으로 구성될 「월드컵 조직 위원회」의 주관
아래 이루어질 것이고, 이를 지원하기 위하여 정부 시책이 수립
될 텐데, 지방 자치체의 장이 무슨 얘기를 할수 있겠느냐고 일단
거부의 뜻을 밝혔다. 그러나 구체적인 준비 계획을 알고자 하는
것이 아니라, 월드컵의 주무대가 송파구가 될 것이므로 해당 자
치 단체의 자세라든가 주민들의 의식 따위를 얘기하면 된다고
계속 요청해 와 인터뷰에 응하기로 했다.

약속된 날인 6월 14일 기자와 만났다. 월드컵은 올림픽 못지 않은 인류의 대축제이며 성공적인 개최를 위해 송파 구민 모두가 최선을 다할 것이며, 올림픽을 치르면서 환경 조성, 자원 봉사 등 주민들이 해야 할 일들을 잘 알고 있고, 앞으로 구성될 〈월드컵 조직 위원회〉와 잘 협조해 나가겠다는 점을 얘기했다. 또한 월드컵이 단순한 축구 시합이 아니라 문화 월드컵, 친절 월드컵, 질서 월드컵, 인류 화합 월드컵이 되도록 모든 주민과 더불어 노력할 것임을 밝혔다. 이어, 공동 개최이니만큼 양쪽이 모두 잘해야 할 것이고, 서로 상의하고 도와가며 반드시 성공적으로 치르자고 나의 입장을 밝혔다.

단독으로 치렀으면 더 좋겠지만 일본과 공동 개최하기로 결정되었으니 이젠 사이 좋게 잘 되기를 바랄 뿐이다.

월드컵은 그 인기면이나 규모면에서 실제로 올림픽 못지 않은 국제 체육 행사다. 종목이라야 축구 하나니까 간단할 것 같지만 실은 엄청난 행사다. 월드컵은 단순한 축구 경기가 아니라 관광 월드컵, 문화 월드컵, 환경 월드컵, 질서 월드컵, 친절 월드컵, 경제 월드컵, 평화 월드컵이다.

경기는 선수들이 하지만 선수 못지않게 시민도 같이 뛰어야 한다.

시민 중에서도 월드컵 대회의 주무대에 살고 있는 송파 구민이 가장 앞장서서 뛰어야 한다. 이미 서울 올림픽을 성공적으로 치러 낸 송파 구민들은 대규모 국제 행사에 익숙해 있다.

이곳을 찾는 외국인들에게 친절히 대해 주고 거리를 장식하고 질서를 지키는 것 등은 기본이고, 위에서 지적했듯 시민이 선수가 되어 몸소 뛰어야 한다. 특히 송파구가 새로운 모습의 기능 도시로 발전할 수 있는 방안이 마련되어야 할 것이다.

월드컵을 치르고 나면 3조 원의 경제 효과가 있을 것이라느니 순이익이 얼마라느니 주로 돈과 관련된 얘기를 많이 하는데, 가장 중요한 것은 우리 나라가 선진국으로 진입하는 중요한 계기가 된다는 점이다. 오늘날의 선진국 개념은 경제적인 면만 따지는 것이 아니다. 보다 문화적이어야 하고 시민 의식이 보다 성숙하고 높아져야 한다. 지난 국회 의원 선거 때 보여 준 비문화적, 망국적 선거 행태의 수준으로는 월드컵을 치러 봐야 그저 행사 이상의 아무것도 될 수 없다. 그것이 중요한 점이다.

그런데 현재 시설로는 부족하므로 앞으로 대규모 국제 행사를 계속해서 치르려면 송파구 안에 경기장을 비롯한 관련 시설을 더 건설해야 한다. 그래야 경기 진행이나 대회 운영을 효과적으로 집중 관리 할 수 있다. 지방에서 경기장을 짓는 등 경기 유치에 힘을 기울이고 있지만, 우리 나라처럼 전국의 도로가 막히고 우선 움직이는 것부터가 불편한 실정에는 집중 관리 시스템으로 운영하는 수밖에 없다.

그렇게 하자면 첫째, 현재 올림픽 아파트 동쪽 16만 평의 부지에 체육 시설을 유치해야 한다.

현재 이 땅은 도시 계획상 운동장 용지이며 그린벨트다. 이 일대를 체육 공원화하여 필요한 편의 시설을 건설하면, 올림픽 공원과 더불어 두 개의 체육 공원은 능률적인 운영을 가능하게 할 것이다. 현재의 잠실 주경기장은 거대한 운동 시설일 뿐이지 공원 개념은 아니다. 다만 맞은편에 2만여 평의 아시아 공원이 있고 북쪽으로는 한강이 흐르고 있어 주변 경관이 전체적으로 아름답기는 하지만, 사람들이 많이 이용하는 시설은 주변에 숲을 이루어 휴식 공원의 효과를 낼 수 있어야 한다.

둘째, 문정·장지 지역에 체육 시설을 건립하는 방안이다.

이 지역은 우선 교통 입지가 우수하다. 판교·구리 고속도로와 접해 있고 도시 고속도로가 곧 지나가게 된다. 중부 고속도로, 경부 고속도로와 연결되고 송파 대로 등 크고 작은 도로망이 연결되는 교통의 요충이라는 입지 조건을 갖추고 있다. 더구나 이 지역은 고층 아파트 건축이 불가능한 고도 제한 구역이다.

현재의 낙후된 가락동 농수산물 시장을 구경계 지역인 남쪽으로 옮겨 현대화하고 인근에 대규모 경기장 시설을 지으면, 가락동 농수산물 시장과 관련된 교통 문제를 크게 줄일 수 있고 그 기능을 강화할 수 있다. 경기장 시설과 연결된 각 지역으로의 교통이 최적 조건을 갖추게 되어 주경기장 올림픽 공원과 연결되는 능률적인 트라이앵글 체육 공원 벨트가 형성될 것이다. 올림픽 아파트 뒤나 문정 지역에 건설되는 체육 공원의 명칭을 「월드컵 공원」이라고 붙여도 좋을 것이다.

셋째, 교통과 숙박 시설이다.

송파구의 경우는 시내 타지역에 비해 조금 나은 편이지만, 앞으로 계속 늘어나는 차량과 통과 교통의 증가로 교통은 더욱 복잡해질 것이다. 더구나 월드컵의 폭발적인 인기가 폭발적인 국내외 관중을 동원하게 될 것이므로 이에 따른 교통 대책이 시급하다. 10부제나 5부제 등의 실시로 어느 정도 승용차 통행량은 줄일 수 있을 것으로 예상되나, 근본적으로 주요 체육 시설과 숙박 시설을 연결하는 궤도 수송 방법이 적극적으로 모색되어야 한다.

현재 송파구에서 구상중에 있는 PRT(personal rapid transit)사업은 교통 문제 해결에 가장 바람직한 수단이다. 일명 〈스카이 택

시민에게 신뢰와 비전을

시〉라고도 부르는 일종의 소형 모노레일이다.

주민 교통을 위해 송파구 주요 간선도로 42km 에 설치하는 것이 가장 타당할 것으로 보지만, 우선 경기장과 경기장을 연결하는 13km 구간을 일단계로 하여 월드컵에 맞추어 개통하면 큰 효과가 있을 것이다.

여기에 소요되는 비용으로 약 1,000억 원이 예상되는데, 타당성 조사를 해 보고 민자 유치를 하거나 아니면 정부에서 지원하여 건설하는 것이 바람직하다.

숙박 시설은 지금까지 역대 올림픽 대회에서 보듯이 거의 아파트 단지를 건설하여 대회 후 민간에게 분양하는 방법을 사용했는데, 서울의 경우 재개발, 재건축을 제외하면 이 방법은 어렵다고 판단된다. 따라서 고층화가 어려운 문정·장지 지역에 3-5층 규모의 고급 공동 주택 단지를 개발하는 것을 생각해 볼 수 있다.

마침 잠실 재건축이 금년 하반기부터 착수될 것으로 보이는데, 월드컵 개최 시기와 맞물리면 정부에서 일정 지원을 하여 건축한 후 선수촌으로 사용할 수 있을 것이다. 이와 같이 하려면 해당 지역 주민과의 협의가 필요하다. 주민들 입장에서도 조건만 맞으면 해 볼 만한 방법이다.

또한 계속해서 선수·임원 숙소로 사용할 수 있도록 유스 호스텔이나 연구 숙박 시설, 예컨대 아카데미 하우스 같은 것을 지어, 평소에도 각종 국제 대회나 세미나, 연구 모임 등에 이용하면 좋을 것이다. 다만 체육 시설 공원 안에 아파트를 짓는 것은 좀더 깊이 생각해 볼 일이다.

이제 대망의 월드컵이 유치되었다. 그 본무대에 사는 송파 구민들의 긍지는 더 크다. 손님을 맞이하는 주인으로서의 부족함이 없는지 반성하고 이제부터 시작해야 한다. 대회를 치르는 것도 중요하지만 대회 외적인 것들이 더 중요하다. 거듭 말하거니와 우리 나라의 국제적 위상을 높일 수 있는 좋은 기회다. 외국인들에게 보여 주는 것보다는 우리 스스로가 변해야 한다.

제2장 시스템 개발이 중요하다

문제가 있으면 먼저 제도를 생각하라
새 시대, 새로운 사고는
시스템이 말해 준다

건축 민원부터 개선

접수된 민원 서류가 담당 책상까지 도착하는
시간이 무려 1개월 이상 걸린다. 주민은 답답
하다. 한곳에서 이루어지는 집중 검토 방식이
시급하다.

세무, 위생과 더불어 공무원 부조리의 대표적 분야
중의 하나가 바로 건축 민원이다.

시민이 집 하나 지으려면 거쳐야 하고 시달려야 하
는 곳이 많다. 건축 허가에서부터 준공에 이르는 일
련의 과정에 대하여 생각만 해도 질리고 겁부터 나는 게 그 동안
의 건축 행정 행태였다. 이로 인해 정부는 불신을 사고 공무원은
부조리의 대명사쯤으로 인식되던 시대도 있었고, 지금도 그러한
경향은 가시지 않고 있다.

사실 건축 업무는 수많은 법을 거쳐야 하는 전문적이고도 복
잡한 행정이다.

건축법은 물론이고 도시 계획법, 주차장법, 도로법, 지적법,
하천법, 국토 이용 관리법, 산림법, 사도법, 소방법 등 수십 가

시스템 개발이 중요하다

지의 법령·조례가 복합적으로 적용된다. 건축법을 전문으로 다루는 공무원들조차도 검토에 어려움을 겪는 경우가 많다. 그러니 시민들이야 공무원들 말 한마디에 우왕좌왕 고생할 수밖에 없다.

93년 4월 우선 이 분야에 대한 획기적인 개선을 시도하였다. 마침 담당 건축 과장이 이 분야에 대한 책도 여러 권 썼고 개선 의지가 강한 사람이었다. 그래서 건축 민원실을 1층에 별도로 마련하여 건축 업무 중 허가 등 민원 관련 업무를 한곳에서 집중 처리하도록 하였다. 종전에는 건축 허가 신청이 들어오면 녹지, 소방 등 관련 부서 협의를 받는데 보통 10일 이상 걸렸고 심지어 1개월 이상 걸리는 경우도 허다했다.

민원 업무 처리가 늦어지는 이유는 크게 두 가지다. 첫째, 일단 구비된 서류에 대한 신뢰를 전제로 하지 않는다는 점이며 둘째, 관련 부서가 민원 서류를 중심으로 움직이는 것이 아니고 민

▲건축 민원실을 한곳에 집중 배치하여 업무 처리 시간을 단축하였다

원 서류가 관련 부서를 돌아다녀야 한다는 점이다.

우선 관련 부서 공무원들을 한 곳으로 모아 건축 민원을 집중 검토하도록 했다. 인원이 크게 부족하여 건축사 협회와 협조하여 교대로 자원 봉사 근무를 하도록 했다. 건축 민원 서류가 제출되면 먼저 서류 검토를 하되 분야별로 관련 공무원들이 동시에 검토한다. 현장 확인이 필요한 사항은 나중에 처리하기로 하고 일단 제출된 서류를 신뢰한다.

이와 같이 동시 집중 검토 방식을 택하였더니 대체로 3시간 이내에 허가가 나갈 수 있고, 문제 있는 것이라도 당일 처리되는 획기적인 개선이 이루어졌다. 그렇지만 시행 착오를 없애고 문제점을 발견, 보완하기 위해 처음 한 달 동안은 시범 운영하였다.

그리하여 이 기간 동안에는 2층 이하 연면적 1,020㎡ 이하의 근린 생활 시설과 주택, 다세대 주택에 한하던 건축사 조사, 검사 대행 건축물을 2단계부터는 4층 이하 연면적 2,000㎡ 미만의 모든 건축물로 확대하여 실시하게 되었다. 그 결과 일반 주택을 지으려는 주민들의 대부분은 쉽고 빠르게 건축 허가를 얻을 수 있게 되었다.

건축 민원실 명칭을 놓고 토론한 끝에 「바르고 빠른 건축 민원실」로 정했다. 빠른 것도 좋지만 정당하게 처리해야 한다.

이 건축 민원실에는 현재 숙련된 공무원과 건축사 등 6명이 근무하고 있으며, 95년 한 해에만 건축 허가, 사용 검사, 중간 검사 등 모두 3,500건을 처리하였다. 이는 구청 총 건축 민원의 80%에 달하는 것이다.

송파구의 건축 민원 행정은 주민 편에 서서 봉사하는 체제로 바뀌었고, 전국의 주요 건축 민원 부서에 확대 운영하게 되는 모태가 되었다.

「바르고 빠른 건축 민원실」, 비단 건축만이 아니라 모든 민원이 올바르고 신속하게 처리되어야 한다. 그래야 시민이 시원하다.

담당자 실명제

> 세금 착복 사건으로 세상이 떠들썩한 오늘,
> 담당자 실명제를 통하여 자신이 한 일에 대
> 해 정정당당하게 대응하는 행정 시책이 필요
> 하다.

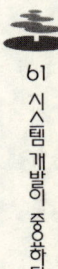

94년 온 나라 안이 시끄럽고 창피스럽고, 전공무원
들에 대한 신뢰가 곤두박질한 세금 횡령 사건이 있
었다.

경기도 한 도시에서 시작된 이 사건이 다른 도시들
로 확산돼 전국을 벌집처럼 들쑤셔 놔 서울의 각 구청들도 혼이
났다. 송파구도 특별 감사를 받았으며, 국회 특별 조사단에 의한
조사도 받았다. 다행히 횡령, 유용 등의 사례가 나타나지 않아
조사단으로 나온 국회 의원들로부터 크게 칭찬을 받기도 했다.

그 후 가능하면 직무 담당별로 공무원의 이름을 밝혀 책임 소
재를 명백히 하고 자신이 한 일에 대해 정정당당하게 대응하도
록 하기 위해 담당자 실명제를 제도화했다.

제일 먼저 실시한 것이 「지방세 과세 실명제」였다.

세금을 부과함에 있어 세목별, 지역별 담당자들이 개별적으로 과세 자료를 조사, 정리하고 전산 입력하여 납세자들에게 납세 고지서를 발부한다. 그런데 부과 업무를 일상적이고 통상적으로 반복하여 처리하는 과정에서, 부과 담당자들의 책임 의식이 희박해져 과세 자료의 처리 소홀이나 미정리로 인한 착오 과세 사례가 빈번히 발생한다. 이러한 민원을 최소화함은 물론 행정의 투명성을 보장하고 지방세 비리를 원천적으로 봉쇄하기 위하여, 지방세 납세 고지서에 과세 자료 조사 및 부과에 참여한 실무자 명의를 공식적으로 표기하도록 하는 이 제도를 전국 처음으로 실시하였다.

뿐만 아니라 건축 담당자 실명제도 함께 실시하여 건축 행정에 있어서 담당자의 책임을 명확히 하였다.

비단 공무원에 대한 실명뿐만 아니라 민간인의 경우도 확대 실시하고 있다. 공사 참여 관계인을 알리는 표지판을 설치하여 심리적으로 부실 시공에 따르는 사회적 책임을 느끼도록 함으로써 완벽한 시공을 유도하고 있다. 표지판 부착 대상은 구청에서 발주하는 모든 시설물과 민간 건축물 중 건설업법 제4조 규정에 의한 일반 건설업자 시공 의무 대상 건축물인 주거용 661㎡ 이상, 상업용 495㎡ 이상, 다세대 주택 등이다. 표지판은 주출입구 전면에 통행인이 쉽게 알아 볼 수 있도록 설치하고, 이를 구체적으로 시행하기 위하여 건축 허가 조건으로 붙여 사용 검사시 확인하고 있다.

이밖에도 주차 단속 실명제를 비롯하여 가급적 담당자 이름을 밝혀 책임 소재는 물론, 민원인이 전화로 문의할 때와 사후 관련 서류를 다시 확인하는 경우 등 실무자 이름이 명기되어 있으면 업무상 여러 면에서 편리하다고 생각되는 업무에 계속 적용해 나가고 있다.

담당자 이름을 밝히는 것이 당연하고 떳떳하면서도 한편, 이 제도가 비리를 예방하고자 하는 부정적 동기에서 출발한 것 같아 어딘지 좀 찜찜한 점도 없지 않다. 그러나 개인적인 일과 달리 공무는 책임이 분명해야 하고 담당자가 바뀌더라도 일관성이 유지되어야 한다. 대부분의 공직자들은 정직하게 시민에게 봉사하는 데 전념하고 있다. 단지 깨끗치 못한 소수가 종종 모든 공무원의 이미지에 상처를 내는 경우가 있다.

금융 실명제, 토지 실명제, 우리는 실명제 시대에 살고 있다. 그러나 그것이 불신 시대를 의미하지 않기를 바란다.

주차 단속 5분 예고제

서울의 구청 중 최하위의 단속 실적으로 실무자들이 곤욕을 치르지만 시민들로부터는 대환영을 받는다.

어느 날 주차 단속으로 흥분한 시민 한 사람이 구청장실로 찾아와 거칠게 항의했다. 공중 전화 한 통화 걸고 나와 보니 자동차가 없어졌다는 것이다. 마침 교통이 복잡한 것도 아니고 남에게 피해를 주는 상황도 아닌데 그럴 수 있느냐고 흥분한다. 딱지를 붙이자마자 눈 깜짝할 사이 견인차가 끌고 가 버렸다는데 세상에 이런 나라가 어디 있느냐고 소리친다. 주차 단속에 따르는 과태료가 구 수입이 되니까 그처럼 무자비하게 단속하는 것 아니냐고 따진다.

주차 단속은 왜 하는가? 단속 실적을 올리려고 그랬는가, 아니면 구 수입을 올리기 위함인가. 실적을 올리면 그 실적은 도대체 누구를 위한 실적인가. 구 수입을 무리한 주차 단속으로 올리려 한다면 그런 구청이 시민에게 무슨 존재 가치가 있는가. 시민을 억울하게 해서까지 수입을 올려서 무얼 하자는 것인가.

시민은 그 많은 법과 규정을 모두 알고 일상 생활을 하지는 않는다. 그저 상식과 양심으로 지낼 뿐이다. 따라서 법에서 정하는 금지 사항을 저촉하고 있는 중에도 이를 모르고 하는 경우가 비일비재하다. 그러므로 최초의 잘못을 일깨워 주는 것이 당연하다. 이와 같은 잘못을 저지르면 어떠한 처벌을 받게 되므로 주의하라는 경고나 홍보가 꼭 필요하다.

1993년 10월 송파구에서는 전국에서 처음으로 주차 단속 5분 예고제를 실시하였다. 단속을 하기 전에 먼저 예고를 한다. 주차 위반을 하고 있는 차량에 대해 현재 불법 주차이니 5분 이내에 이동하지 않으면 단속하겠다는 내용의 스티커를 운전자 앞 유리에 살짝 눌러 놓는다. 5분 후에 단속반이 다시 이곳을 지나며 예고된 차량에 대해 위반 스티커를 붙인다. 우선 시범 지역부터 선정해서 실시하였다. 공중 화장실, 공중 전화, 약국, 병원 주변 등 잠깐 용무를 보는 동안 단속을 유보하기 위함이었다.

1년 후인 94년 10월부터 실시 지역을 도로 교통법 제28조와 동법 제29조에 명시된, 주·정차 금지 및 주차 금지 지역을 제외한 전지역으로 확대하였다.

즉 횡단 보도, 교차로, 차도와 보도가 구분된 보도, 버스 정류장 10m 이내 등 통행에 심각한 지장을 주는 경우를 제외하고는 이 제도를 실시하였다. 그러자 민원이 급격히 감소하였다. 해당 부서인 교통 지도과에는 하루에도 수십 명이 찾아와 항의하거나 사정하던 상황이 달라졌다. 단속 실적도 뚝 떨어졌다. 전에는 하루 평균 350여 건이던 실적이 평균 90건으로 크게 감소되었다. 당시는 민선 구청장 시절 이전이라 서울시에서는 채근이

시스템 개발이 중요하다

▲1993년 10월 전국에서 처음으로 주차 단속 5분 예고제를 실시했다

심했다.

　구청장이 제 마음대로 법에도 없는 5분 예고제를 실시하는 것은 인기를 얻으려는 것 때문이 아니냐는 것과, 주차 단속 실적이 크게 뒤지는 것은 직무 태만이라는 것이다.

　이 제도는 법과 규정을 어기는 결과가 되며, 단속에 걸려들 위반 차량들을 미리 예고하여 이동시켜 버렸으니 단속 실적은 떨어질 수밖에 없다. 서울의 구청 중 최하위의 단속 실적으로 실무자들은 곤욕을 겪었지만 시민들로부터는 대환영을 받았다. 민선 구청장에 출마하기 위해 사표를 내고 3개월간 선거 준비를 하는 동안, 서울시에서는 일제 주차 단속령을 내려 무차별 단속에 나섰는데 이로 인해 5분 예고제는 완전히 박살이 난 꼴이 되어 버렸다.

　특히 이 제도를 실시하고 있는 송파구에 대해 집중적으로 독려하여 당시 송파구가 주차 단속 1위를 하는 용맹을 떨치기도 했다. 내가 다시 송파 구청장에 당선되어 허물어져 가던 이 제도를 다시 복원함과 동시에 더욱 철저히 실시하도록 했다.

그것은 민선 구청장으로서 구민들로부터 인기를 얻으려는 것도 아니고, 상부 기관의 비위를 건드리는 것이 재미있어서도 아니다. 자치제 시대에 단체장의 위상을 세우려는 자만이나 고집에서 연유된 것도 아니다. 이유는 간단하다. 주차 위반한 그 시민이 바로 주인이기 때문이다. 시민을 규제와 통제의 대상으로 보는 시대는 이미 지난 지 오래이다. 주민을 섬기는 마음가짐이 있어야 한다. 그래야 모든 행정이 주민에게 봉사하는 행정이 된다.

지금 이 제도는 전국 여러 곳에서 실시되고 있으며 서울에서만도 25개 구 중 23개구가 시행하고 있다. 어느 구는 7분 예고제, 또 어느 구는 10분 예고제 등 방법을 조금씩 달리하는 경우도 있다. 모든 제도가 그렇지만 이 제도 역시 지역에 따라 그 적용 내용이 달라야 한다.

송파구처럼 도로망이 잘 갖추어진 외곽 지역에서는 좋은 제도이지만, 도심에서는 이로 인해 차량 소통에 막대한 지장을 줄 수 있다. 송파구는 서울 동남쿠 외곽에 위치하고, 도로율이 타지역에 비해 높으며, 8차선 이상의 넓은 도로가 많아 5분 정도의 단속 유예로 소통에 지장을 주지는 않는다. 설혹 이 제도에 문제가 있다고 하더라도 제도 자체를 없애는 것보다 보완, 발전시켜 나가야 한다. 그것이 주민을 위한 정성 어린 행정이기 때문이다.

시스템 개발이 중요하다

행정 착오 보상제

행정 실수 혹은 착오로 구청을 다시 찾아야
하는 경우가 연간 500여 건에 이른다. 이
에 크건 작건 구청장은 책임을 져야 한다.

세금을 분명히 냈는데도 불구하고 구청에서 가산금
까지 붙여 독촉장을 보낸다. 어떤 경우에는 재산 압
류까지 당하기도 한다. 기분 나쁜 정도가 아니라 울
화통 터지는 일이다. 구청을 욕하고 정부를 원망하
게 된다. 국민의 세금으로 먹고 사는 공무원들이 그 비싼 장비를
갖추고도 이 정도 수준의 행정밖에 못하는가 한탄하기도 한다.

이처럼 행정 실수 혹은 착오로 구청을 다시 찾아야 하는 경우
가 연간 500여 건에 이른다. 이 바쁜 세상에 시간이 곧 돈이라는
계산은 그만 두고라도 정신적인 피해는 어떻게 보상할 것인가.
구청에 찾아와 영수증 제시하고 확인하면 겨우 한다는 얘기가
완납됐으니 가도 좋다고 한다. 그것으로 끝이다. 말이 되는가.
구청장은 크건 작건 잘못에 대해 책임을 져야 한다. 아니면 미안

하다고 사죄하고 빌기라드 해야 한다. 그도 아니면 주민이 구청에 찾아와서 확인할 것이 아니라 집에 찾아가서 확인해야 한다.

가장 좋은 방법은 우리 나라도 이제 이쯤 됐으면 전화 한 통화로 믿고 처리해 줄 수 있어야 한다. 그런데 집으로 찾아가면 대신 강도가 갈 수 있고, 전화만 믿고 해주면 사기꾼이 설칠 수도 있어 그것 또한 쉽지 않다

우리 송파구는 지난 93년 12월부터 「행정 착오 보상제」라는 것을 시행했다. 공무원의 잘못으로 구청을 다시 찾아온 주민에게 구청장이 미안하다고 사과하는 제도이다. 그리고 교통비 정도의 최소한의 예의를 표한다. 사무 착오로 구청을 방문한 민원인을 해당 과장이나 계장이 모시고 구청장실로 오면 구청장이 미안하다고 사과하고 차 한잔 나누면서 환담을 나눈다. 말로만 사과하는 것이 아니고 정중하게 사과문을 봉투에 넣어 준다.

시스템 개발이 중요하다

안녕하십니까?

실수란 누구에게나 있을 수 있지만 공공 행정에서는 이를 최소화해야 합니다.

본의 아닌 행정 사무의 착오로 걱정과 번거로움을 끼쳐 드린 점 송구스럽게 생각하며 넓으신 양해를 구합니다.

여기에 적은 금액이지만 행정 사무 착오로 인한 사과의 표시로 드리오니, 앞으로 더욱 정확하고 공정한 행정을 하겠다는 다짐과 감사의 뜻으로 아시고 받아 주시면 고맙겠습니다.

저희 송파구 모든 공무원들은 더욱 주민 봉사에 열과 성을 다하겠습니다.

감사합니다.

송파 구청장 김성순

사과문과 함께 관내 왕복 택시 요금 수준인 5,000원을 전해 준다. 구청장이 자리에 없을 때는 비서실에서 이와 같은 절차를 밟는다.

이 제도를 시행한 직후 어느 분은 사과문과 보상금을 내주는 구청장의 손을 덥석 잡고, "아닙니다. 이런 건 필요 없습니다. 너무 기분 좋습니다. 구청장님, 제가 오늘 한잔 사겠습니다."

조금 전까지만 해도 기분 잡치고 구청을 때려부수고 싶다던 그가 가슴이 탁 트인다며 감격해 하던 모습이 지금도 눈에 선하다. 잘못한 사람이 사과하는 것은 너무도 당연한 일 아닌가. 이러한 일에 찬사를 받는 것은 우리 관청이 그 동안 그만큼 경직되어 있고 문턱이 높으며 일방 통행식이었기 때문이다.

그런데 이 제도의 시행 후 곧 문제가 생겼다. 선뜻 자신을 드러내어 구청장에게까지 알리면 불이익이라도 돌아오게 되지 않을까 하는, 행정 착오를 낸 직원의 우려가 그것이고, 또 그렇지 않다고 하더라도 마음 한구석으로 찜찜해 하는 것만은 사실이다. 그 결과 민원인과 적당히 해결하고 구청장실까지 오는 것을 기피하는 직원들이 늘어 갔다. 처음부터 관련 직원에게는 불이익 처분이 없을 것이라고 분명히 밝혔으나, 자신의 잘못을 구청장이 안다는 것 자체가 그다지 달가운 일은 아닐 것이다.

그리하여 잘못을 저지른 직원 이름이나 부서는 물론 업무 내용까지도 밝히지 않고 민원인의 이름과 주소만 비서실 대장에 기록하게 하자 종전의 부조용을 말끔히 해결할 수 있었다.

이 제도를 실시하자 곧 그 효과가 나타나기 시작했다.

첫째, 민원 처리 담당자들이 업무를 더욱 신중하고 충실하게 처리하려는 노력이 커졌다. 업무 처리 담당자들로 하여금 '내가 하는 일이 곧 구청장이 하는 일이다.' 라는 생각을 갖게 하였고, 자신의 잘못으로 인해 민원인이 다시 찾아오고 구청장이 사과와 보상을 하게 하는 것은 자신에게는 일종의 수치라는 생각을 갖게 되었다. 그에 따라 날이 갈수록 행정 착오를 저지르는 숫자가 줄어들게 되었다.

둘째, 시민들로부터 행정에 대한 이해와 협조를 구할 수 있다는 점이다. 사람은 누구나 실수를 할 수 있고, 행정 기관 또한 컴퓨터로 처리했을지라도 행정 착오가 있게 마련이라는 점을 인식시키는 계기가 되었다. 다만 행정 기관은 특히 그 실수를 최소화해야 할 의무가 있고 이를 위해 부단히 업무를 개선해 나가야 한다. 부득이하게 발생한 실수에 대해 공무원이 기계적으로 정정만 했다고 해서 할 일을 다 한 것은 아니다. 그 내용을 이해시키고 협조를 구해야 한다. 그래야 행정이 신뢰를 얻는다.

이 제도로 행정 착오 보상 건수가 94년에 110건이던 것이 95년에는 65건으로 행정의 질이 나아지고 있음을 알 수 있다.

행정 착오로 다시 구청을 찾는 사람들의 숫자에 비해 보상금을 타 가는 사람들은 적지만, 시민들이 이 제도를 이해한다는 측면에서 효과가 있다.

이 제도는 현재 전국 여러 자치 단체에서도 시행하고 있는데, 보상금만 1만 원 또는 그 이상으로 올려 지급하는 등 그 방법을 조금씩 변형하여 각 자치 단체 실정에 맞게 실시하고 있다.

다만 한 가지 짚고 넘어갈 것은 보상금의 많고 적음보다 구청장이 사과하고 이해와 협조를 구하는 부분이 강조되어야 한다는 점이다.

찾기 쉬운 번지 표지판

지도 한 장으로 목적지를 찾아 헤매는 외국인을 보면 무척 안쓰럽다. 비슷한 건물과 잦은 골목, 안내판이 잘못 된 것도 있다. 찾기 쉬운 번지 표지판, 절대적으로 필요하다.

외국에서는 가로마다 건물마다 번지 표시가 분명하고, 번호 순서도 일목요연하여 처음 가는 길도 쉽게 찾을 수 있다. 그런데 우리 형편은 그렇지가 못하다. 길을 쉽게 찾으려면 독특한 지형보다는 체계적인 번호가 있어야 한다.

요즈음 새로 조성되는 도시는 어느 정도 지번 체계를 갖추고 있어 편리하지만 대부분의 도시 가로망은 무질서하고 찾기가 어렵다. 그래서 흔히 정확한 위치를 모르고 큰길 네거리, 대형 건물, 유명 상호, 관공서 건물 같은 것을 기준으로 목적지를 찾아야 하는 경우가 많다. 지방 같으면 그래도 지형의 특징이나 건물 따위를 기준으로 찾기가 비교적 쉽지만, 서울처럼 복잡한 도시에서 지도상의 위치를 찾아가는 것은 쉬운 일이 아니다. 더구나

▲ 목적지의 정확한 위치를 알려주기 위하여 가로와 건축물에 표지판을 달았다

외국인이 번지수만으로 복잡한 골목길을 찾는다고 생각하면 스스로 얼굴이 뜨거워질 정도다. 우선 가로와 건물마다 번지가 잘 보일 수 있도록 부착하면 되는 일인데 그것이 안 돼 있어 문제다. 크게 어려운 일도 아니다.

송파구는 전국에서 처음으로 해외 방문자와 도시 보행자에게 목적지의 정확한 위치를 알려 주기 위하여 가로와 건축물에 번지를 표시하는 작업을 95년 2월부터 착수하여 단계적으로 추진해 왔다.

대부분이 민간 소유인 가로변 건축물에 지번 표지판을 달게 하자면, 그분들의 입장에서는 돈이 드는 일이므로 대대적인 홍보가 있어야 한다. 우선 시범 가로를 선정하여 구 예산으로 지번 표지판을 부착시켜 나가면서 그것의 편리성과 유용성을 홍보하고 차츰 민간 부담으로 부착하도록 권장하기로 했다.

시범 가로로 송파구의 대표 거리 중의 하나로서 통행인이 많고 가로변 건축물이 거의 형성되어 있는 송파 대로와 백제 고분 로를 선택하였다. 먼저 121개소에 지번 표지판을 붙여 놓고 보니 색상이나 크기, 모양이 산뜻하고 건물을 돋보이게 하는 효과가 나타나 주민들로부터 호평을 받았다. 지번 표지판은 송파구의 상징인 소나무 색깔을 기본으로 한 백·청의 조화와 시선을 끌 수 있는 깔끔하고 세련된 디자인으로 건축 위원회 색채 구성 전문가들의 자문을 받았다.

이렇게 시작한 지번 표지판은 단계적으로 확장해 나가되 넓이 12m 이상 도로에 접한 기존의 5층 이상 건물을 우선 대상으로 스테인리스, 석재, 청동, 황동 등 기타 불변 재료를 사용하여 부착하도록 유도해 가고 있으며, 간선 도로와 6m 이상 교차로변의 모든 신축 건축물에 대해서는 건축 허가 조건에 명기하여 준공 시 지번 표시를 의무화하고 있다.

이 작업은 건축주나 주민들로부터 큰 호응을 얻고 있다. 작은 일에도 조금만 신경 쓰고 노력하면 편리성이나 효율성을 높일 수 있다. 흔히들 세계화를 외치는데 이처럼 작은 일부터 시작하는 것이 중요하지 않을까. 더군다나 외국인들이 대거 몰려올 월드컵까지 유치해 놓고 있는 마당에 그들을 거리의 미아로 만들 수는 없지 않은가.

시스템 개발이 중요하다

소나무 통신

소나무 통신은 구청장에게 바란다, 자유 토론
광장, 공지 및 행사 안내, 구정 자료실, 민원
서류 발급 신청 등의 서비스를 하고 있다.

아침에 출근하면 곧바로 PC통신을 통해 들어온 주
민들의 의견을 먼저 점검해 본다. 타지역에 비해 젊
은 세대가 많이 거주하고 있는 송파구의 경우 PC통
신은 특히 청소년들과의 중요한 대화 수단이 되고
있다.

교통 표지판의 영문 알파벳이 틀렸으니 고치라는 것에서부터
가로등이 안 들어 온다, 학교 앞 건널목에 신호등이 나갔다, 골
목 주차 단속 좀 해달라, 새로운 행정 시책에 박수를 보낸다 등
수많은 건의 사항과 의견이 들어온다.

지방 자치는 주민 참여가 전제되어야 하는데 여기에는 청소년
도 물론 포함된다. 그런데 청소년들은 주로 학교나 교육청과 관
련이 많고 구청과는 비교적 대화의 기회가 적다. 이들과 대화를

하고자 착안해 낸 것이 「소나무 통신」이다. 송파구의 상징 나무가 소나무인 점에서 그렇게 이름을 붙였다. 이와 같은 방법으로 구청장은 젊은 층과 대화의 폭을 넓혀 가고 있으며 PC를 통해 여러 사연들이 오간다. 구청장이 일일이 직접 대화할 수 없는 경우가 많으므로 감사실에 전담 직원을 두어 매일 보고받는다.

93년 11월부터 개설하여 운영하고 있는 소나무 통신은, ①구청장에게 바란다 ②자유 토론 광장 ③공지 및 행사 안내 ④구정 자료실 ⑤민원 서류 발급 신청 등의 서비스를 하고 있다.

연간 약 1,000건에 달하는 건의 사항 및 민원 증명 발급을 하고 있는데, 건의 사항 중에는 대체로 교통, 쓰레기 등 시민 생활과 직결된 생활 불편 사항이 많다. 소나무 통신을 통해 계속해서 건의를 내는 등 구 행정에 적극적인 참여를 하는 사람들이 날로 늘어 가고 있다. 소나무 통신을 통해서 들어오는 불편 사항이나 건의 사항은 그 처리 결과를 신속하게 본인에게 통보한다.

▲ 소나무 통신

소나무 통신은 하이텔이나 천리안에 가입한 회원에 한하여 이용할 수 있어 사용 대상에 한계가 있는 것이 흠이지만, 컴퓨터 사용자가 날로 증가함에 따라 주민들의 참여도가 높아지고 있다. 또한 송파구에서는 인터넷에도 가입하여 구정 정보를 늘 공개하고 광범한 자료 교환을 하고 있다. 시대가 바뀌고 통신 수단이 바뀌고 생활 환경이 변하면 그에 따라 행정 수단도 바뀌어야 한다.

송파 신문고 1230

거의 대부분의 민원은 직접 구청장에게 전달
되지 않는다. 민원을 들어 주는 기존의 제도
적 장치 외에 구청장이 직접 들어 주는 장치
가 필요하다.

 옛 임금들은 현명하였다. 그리고 민주적이었다.
교통이 불편하고 통신 수단도 말과 봉화 정도였던
시대에 백성들의 살림살이를 보살피고, 특히 억울
한 사람이나 고질 민원 사항에 대해서는 신문고를
두어 직접 듣기도 했다.

오늘날 신문고는 없어도 공무원들이 일을 잘 처리해 주고 순
찰도 철저히 하고 불편한 것이 있으면 해결해 주는 등 기존의 제
도를 잘 활용하며, 특히 모든 공무원들이 주민의 소리에 귀를 잘
기울이기만 한다면, 민원이 원하는 대로 해결되지 않는 이유를
알 수 있을 것이다. 그런데 현실은 그렇지가 않다. 민원 내용도
옛날과는 비교가 안 될 정도로 다양하다.

시대에 따라 정도의 차이는 있을지언정 억울하고 호소하고 싶

은 민원은 항상 있기 마련이다. 나는 유럽은 물론 미국, 아시아 여러 나라에 걸쳐 민원을 잘 듣고 해결해 주는 제도를 두루 돌아보았다. 그런 다음 결론 내리기를 우리 실정에 맞는 획기적인 제도를 마련해야겠다는 것이었다. 민원을 들어주는 기존의 제도적 장치들 외에 구청장이 매일매일 소상하게 귀를 기울여 듣고 해결해 주는 제도가 필요하다.

거의 대부분의 민원은 구청장에게까지는 보고조차 되지 않고 담당자나 계장, 과장에 의해 처리된다. 조사에 의하면 제출됐다가 반려된, 약 2만 건 중 구청장에게까지 보고된 것은 불과 130여 건이다. 답답하고 원망에 찬 사람들의 대부분은 비록 일이 안 되더라도 구청장에게 직접 하소연이라도 하고 싶어한다. 이러한 사실은 95년 3월 구청장직 사표를 내고 3개월 동안 민선 구청장 선거 운동을 하면서 절실하게 깨달은 점이다. 내 나름대로 비록 임명직 구청장이지만 최선을 다해 행정을 했다고 생각했지만, 현실은 많은 사람들이 억울해 하며 구청을 비난하고 정부를 불신하고 있음을 알았다. 그 때 나는 당선이 되면 〈신문고〉를 만들어 매일매일 겸허한 마음으로 그들의 목소리에 귀를 기울이겠다고 다짐하였다.

그렇게 해서 설치된 것이 「송파 신문고 1230」이다. 설치 초기에는 유사한 제도가 현재 있는데 예산 낭비 아니냐는 비판과 반대도 있었다. 특히 일부에서는 설치 배경과 절차상의 문제를 들어 반대를 하였다. 새로운, 그것도 세계에 유례가 없는 획기적인 제도를 만드는데 반대 의견이 나오는 것도 당연하려니와, 일부 비판은 이 제도를 건실하게 정착시키는 데 촉진제 역할을 하였다.

「송파 신문고 1230」은 공무원이 아닌 민간인들이 민원 접수를 하고, 구청장은 이들로부터 매일 직접 보고받는다. 계통에 따른 보고가 아니다. 그런데 신문고를 구청 안에 두면 공무원이 사전에 개입할 염려가 있고, 민원인 입장에서도 꺼림칙하고 높은 문턱도 마음에 걸릴 것이다. 그래서 민간인 빌딩을 임차하여 8명의 전직 동장들이 주축이 되어 공무원 경력이 있는 민간인 상담관들과 6명의 여성 자원 봉사자들로 하여금 상담 업무를 담당하도록 하였다.

상담은 직접 내방하거나 전화 상담도 무방하다. 전직 공무원들로 상담관을 삼은 것은 구청 업무를 어느 정도 알아야 하고, 현장 출장을 통하여 해결 방법을 모색하거나 관련 부서와 협의할 때도 공무원 경력이 있으면 보다 능률적이기 때문이다.

95년 10월에 문을 연 신문고는 과연 업무를 시작하자마자 신문고를 두드리는 시민이 줄을 이었고, 언론에서도 일제히 크게 다루었다. 상담 내용은 ①건축·주택 ②도시 교통 ③보건·사회 ④시민 생활 ⑤공공 시설 분야로 나누어 각 2명씩 상담을 맡았다.

신고가 들어오면 가급적 현장을 답사하고 효과적인 해결 방안을 모색하며, 해결이 어려운 사항은 전체 회의를 통해 의견을 모아 구청장에게 보고하고 있다.

공무원의 민원 처리와는 달리 이웃간의 분쟁 사항도 적극적으로 중재하며, 행정과는 상관없는 결혼식 주례 요청 등도 기꺼이 해결하는 등 주민에게 사랑받는 〈주민의 사랑방〉으로서의 역할을 훌륭히 수행하고 있다. 구청과 관련이 없는 사항은 해당 부처에 문의하거나 협조를 구해 해결하고, 법적인 문제는 관련 변호사의 자문을 받아 구제 절차를 소상하게 알려 준다.

「송파 신문고 1230」은 창설된 지 불과 6개월만에 1,000건을 돌파하는 놀라운 실적을 보였다.

해결률도 90%의 높은 비율을 보여 우리가 머리를 짜 내고 노력하면 얼마든지 시민의 답답한 가슴을 시원하게 해줄 수 있음을 생생하게 보여 주었다.

금년 6월부터 소비자 보호 업무도 함께 처리하고 있다. 소비자 보호 단체의 적극적인 협조를 얻어 상담 요원 전원에 대해 소비자 보호 교육을 실시하고 업무 지원을 받아 활발하게 활동하고 있다.

「송파 신문고 1230」, 두드리면 반드시 듣는다.

들으면 최선을 다해 해결에 나선다.

첨단 정보 시스템 구축

미래는 정보화 시대다. 송파구는 지난 5월 CD-ROM 및 인터넷 시연회를 개최, 구정 정보와 홍보에 일대 전환을 시도했다.

정보화 시대의 도래로 멀티미디어 컴퓨터 사용이 보편화됨에 따라, 과거 문자 위주의 시대에서, 동시에 보고 듣고 말하는 다중 매체 환경이 각광받고 있다. 구정 홍보 매체도 종이에서 탈피해 CD-ROM과 인터넷을 활용하는 환경으로 개선하여, 구정을 알리고 지역 주민의 컴퓨터에 대한 인식을 높여 효과적인 정보 교환을 하도록 해야 한다.

금년부터 이에 관한 세부 시행 계획을 수립하여 전반적인 추진 일정을 세운 다음, CD-ROM 타이틀 및 인터넷 홈페이지 제작 추진 팀을 구성하여 일을 추진하고 있다. 전문 업체 선정 및 검수를 위해 심사 위원회를 구성했으며, 전문 제작 업체를 선정하였다.

제작 업체와 공동으로 CD-ROM 및 인터넷 프로그램 작성과 자료 입력을 완료했으며, 지난 5월에는 CD-ROM 및 인터넷 시연회를 개최하는 등 구정 정보와 홍보에 일대 전환을 기하고 있다.

구정 홍보용 CD-ROM 타이틀의 경우 매년 개정판을 발간하고 추가로 구정 백서 및 송파 사회 지표를 CD-ROM 타이틀로 제작하며, 인터넷 홈페이지는 계속하여 자료를 보강하고 주기적인 인터넷 홈페이지의 구성 변경으로 최신 자료를 항상 수록할 수 있도록 하고 있다. 각급 학교에 CD-ROM을 배포할 때 우리 고장 안내를 수록하여 이를 교재로 활용하면 학생들이 구청을 방문하지 않고도 학습이 가능하고, 시사성 있는 자료도 신속하게 제공할 수 있게 되었다. 또한 전산망을 이용한 주민 참여가 높아지게 되었다.

이와 같은 첨단 정보 시스템의 구축으로 멀티미디어 첨단 시대에 앞서가는 송파구의 이미지를 높이고, 전세계의 정보망을 이용해 최신 정보를 얻으며 세계 속의 송파를 알릴 수 있게 되었다.

구정 연구단

> 일은 조직의 힘으로 해야 한다. 함께 생각하고, 적절한 시책과 아이디어를 생산해야 한다.

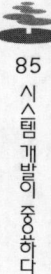

『왜 구청장 혼자 앞서가느냐』고 나에게 묻는 사람들이 있다.

전쟁터에서 소대장이 뒤에서 명령만 하고 있으면 싸움이 되겠는가. 구청에서 구청장이 앞서가지 않으면 그럼 누가 앞서가나. 수위가 앞서가나. 총무과장이 앞서가나. 구청장은 구민이 일하라고 뽑아 주었다. 그것도 보통으로 일하는 게 아니고 가장 앞서가면서, 가장 많은 일을 하여 지역을 발전시키고 구민 좀 편케 살게 해달라고 뽑았다. 봉급도 구청에서 제일 많이 받는다. 일을 가장 많이 해야 하는 건 너무도 당연하다. 나는 누가 뭐래도 가장 많이 일하는 구청장이 되고 싶다.

그런데 구청장만 일하고 직원들은 구경만 하고 있다면 그것은 잘못된 조직이다. 일은 조직의 힘으로 해야 한다. 그러한 의미로 얘기해 준 분들을 이해하고 싶고 또 고맙게 생각한다.

아이디어나 시책 개발은 거의 직원들에 의해 나온다. 지도자나 기관장은 개인의 능력보다도 시스템 개발에 앞장서 업무를 개선하고 시책을 개발해 나가야 한다. 이 때 중요한 점은 조직에 맡겨 놓은 채 기관장이 노력하지 않고 주어진 아이디어만을 활용해서는 안 된다는 점이다. 함께 생각하고 격려하며 방향을 잡아 주고 종합하는 일이 기관장의 중요한 임무다.

그리고 잘못했을 때 부하 직원을 꾸중하거나 문책하는 것보다 원인을 밝히고 앞으로 개선해야 할 점을 찾는 것이 중요하다.

더군다나 본격적인 지방 자치제의 실시로 단체장의 할 일이 많아지면서 새로운 시책을 연구 개발할 필요성이 더욱 커졌다.

시책 개발은 지역 특성에 맞고 지역 여건을 감안한 것이어야 한다. 이러한 일은 몇몇 사람의 머리만으로 되는 것이 아니다. 전문가나 학자들에 의해서 되는 일도 아니다. 송파구에서 구정 연구단을 소속 공무원들로 구성한 것은, 시책이란 실무자들이 적용하기에 알맞고 그 효과가 시민에게 가시적으로 나타나야 하기 때문이다. 소속 공무원 중 성별·연령·학력·직위 등 어떠한 제한도 두지 않고 20명을 선발하였다. 보건·사회 복지, 교육·청소년, 문화·체육, 재정 및 경영 행정, 도시 정비·건설, 청소·환경 등 6개 분과를 두고 각 분과를 4명씩 맡도록 했다.

연구 과제는 구청장이 직접 부여할 수도 있고 팀별로 제안하기도 한다. 연구단의 연구 결과는 분과별 검토와 전체 검토 회의를 거친다. 회의에는 구청장이 반드시 참석하여 주재한다.

연구원은 연구에 필요한 연구비를 지원받으며, 필요한 각종 도서나 자료를 우선적으로 공급받도록 하고 있다. 사안에 따라 필요한 경우 해외 연수 기회가 부여되고, 연구 실적이 우수한 사람은 특별 승진 등 인사상의 우대를 받게 된다.

매월 마지막 주 목요일을 정기 연구 보고 회의 날로 정하여 연구 모임을 갖고 구정의 주요 사안과 수시로 부여되는 연구 과제를 다룬다. 연구원들은 구정의 두뇌 역할을 하고 있다는 자부심을 갖고 자신의 고유 업무와 병행하여 경쟁적으로 연구에 몰두하고 있다.

처음부터 전문가들을 참여시켜 그들로 하여금 연구 활동을 주도하게 할 수도 있으나 그렇게 하면 공무원들의 연구 능력을 향상시킬 수 없다. 평소에 스스로 연구하면서 특별한 자문이나 조언이 필요할 경우, 국내의 권위 있는 전문가를 찾아가거나 초청하면 된다. 상당한 연구 능력을 갖춘 구정 연구단은 날이 갈수록 그 진가를 발휘하고 있다. 구청장과 함께 앞장서 뛰고 있다.

구정 연구단과 함께 송파구는 구정 평가 교수단을 운영하고 있다. 평가 교수단이라는 말은 종종 들어왔다. 그러나 주로 정부나 서울시에서 기능별 또는 분야별로 전문가와 학자들의 의견을 듣기 위한 전문 조직이지 구 단위에서는 거의 사용되지 않은 것으로 알고 있다. 이제 자치 단체가 지역 여건과 특성에 맞는 정책을 개발해 나가야 하므로 전문적 지식을 갖춘 집단적 의사를 필요로 하게 되었다.

이에 25명의 대학 교수, 변호사 그리고 분야별 기술사급 전문가들로 구성된 구정 평가 교수단을 설치하였다.

구정 연구단의 실무 차원에서의 연구와 평가 교수단의 자문은, 구 행정의 계획, 평가에 최선의 전문 지식과 실무 경험을 살리고 지역 발전의 두뇌 기능을 담당하고 있다.

여론 조사 팀 운영

여론 조사 시행은 주민의 의견을 조사하는 것 이외에 행정 시책을 이해시키고 홍보하는 효과가 있다.

아무리 좋은 시책이라도 일방적인 것보다, 여론을 조사하고 여건 변화를 감안하여 실정에 맞게 시행하여 능률과 성과를 높이도록 해야 한다. 그러자면 과학적인 조사 방법에 의한 측정이 필요하다. 그중의 하나가 여론 조사 방법이다.

지난해 구 소속 공무원 중 우수한 여직원들이 주축이 된 여론 조사 팀을 구성하였다. 30명으로 구성된 이들은 조사 방법에 관한 이론을 배우고, 여론 조사 업무에 투입되었다. 이들은 구 행정에 대한 방향 설정이나 시책에 대한 효과 측정에 중요한 역할을 하고 있다.

여론 조사는 주로 전화 설문 형태로 각 지역별 균등 추출을 위해 반당 5가구씩 전체 3만 5800가구의 표본을 확보해 놓고 있다.

또한 표본의 중복 사용을 지양하기 위해 조사 때마다 새로운 가구를 사용한다. 여론 조사는 주민의 의견을 조사하는 것 이외에 행정 시책을 이해시키고 홍보하는 효과가 있다. 경우에 따라서는 후자의 의미가 더 클 때도 있다.

이 조사 팀에서 하고 있는 조사 항목은 주로 시기적으로 빠른 시간에 파악해야 할 필요가 있는 사업이나, 비교적 답변이 간단한 항목을 채택하고 있다. 구청에서 하고 있는 사업이나 앞으로 해야 할 일 중 주민들로부터 필요성, 인지도, 효과, 달라진 점 등을 알면 사업을 효과적으로 추진할 수 있고 다른 사업에도 도움이 된다.

예컨대 주민 540명에 대한 전화 조사에 의하면 주민 중 86.2%가 송파구에 계속 살고 싶다고 대답했다. 그리고 구에서 앞으로 가장 중점을 두어야 할 분야는 교통과 환경으로 나타났다. 이러한 결과는 곧 이 두 분야가 잘되면 송파에 더욱 애정을 갖고 오래 살고 싶다는 뜻으로 풀이될 수 있다.

송파 구청 공무원의 친절에 대한 조사에서는 대체로 친절해졌다고 대답한 사람이 63.3%로 나타나 친절에 대한 교육 프로그램 등 지도를 해야 할 필요가 있음을 알 수 있다.

경륜장에 대한 사회 단체를 비롯한 시민들의 반대 여론이 있어 지난 연초에 521명을 대상으로 조사해 본 결과, 주민들의 경륜장에 대한 이해가 예상보다 훨씬 부족하고 특히 주부의 절대 다수가 모르고 있는 것으로 나타났다. 경륜장에 가 본 적이 있는 주민은 16.1%였으며, 경륜장으로 인해 청소년 비행이 현저히 증가될 것으로 보는 주민이 30.3%로 나타났다. 이러한 결과는 앞으로 경륜장 측과 더불어 별도의 대책이 필요함을 시사한다.

　여론 조사 팀이 수시로 조사하는 각종 주민 여론은 구 행정에 알뜰하게 반영되어야 하고 그 효과가 측정되어야 한다. 그래야 달라진 행정을 느낄 수 있게 된다.

당구장이 있는 관청

요즈음 젊은 공무원들은 매우 발랄하다. 그들에게 일할 때 일하고 쉴 때 쉬는 분위기를 만들어 주어야 한다. 그래야 일할 맛이 난다.

옛날 같으면 관청에 당구장이나 노래방을 설치한다는 것은 상상도 못할 일이다. 설치는커녕 공무원이 당구장에 가는 것조차 밉게 보이는 행동이었을 것이다. 마치 공직자가 골프 치는 것이 큰 죄나 되는 것으로 간주되는 요즈음처럼 말이다.

그런데 구청에 당구장이 설치되었다. 희안한 일이다. 아니나 다를까 언론에서 일제히 보도하고 화제거리가 되었다. 그런데 이게 어찌된 일인가. 공무원이 무슨 당구냐 하는 조가 아니라 신기하고 참신한 생각이라는 것이다. 과감한 발상으로서, 이제 공무원 사회가 달라지고 있다고 찬사를 받았다. 나로서는 주위나 언론에서 칭찬하는 것이 오히려 참신하다는 생각이 든다.

우리 사회도 자치제를 실시하면서 많이 달라지고 있다. 공무원은 공무원 윤리 헌장에 있는 대로 〈이 몸은 오직 나라를 위하여〉 있기 때문에, 일방적인 지시에 따라야 하고 근무 환경이 어쩌고 하는 건 하나의 사치에 속하며, 그것이 싫으면 그만두어야 한다. 그래서 주눅이 들고 경직된다. 이러한 어둠침침한 분위기가 공무원 이미지 중의 하나다. 물론 공무원 사회에도 체육, 오락, 여가 시설이 있다. 그러나 기껏해야 관청의 체육 시설로 탁구대 몇 대 놓거나 장기, 바둑판 쯤 갖다 놓는 게 고작이다.

요즘에는 여가 시설이 많이 확충되고 있고 헬스 시설을 한 곳도 많다. 송파구에도 직원용 헬스 시설이 비교적 잘 되어 있다. 그런데 운동은 신체 단련과 아울러 재미가 있어야 하고 틈틈이 쉽게 할 수 있어야 가까워질 수 있다.

금년 초 청사 6층 중앙 홀 약 110평에 종전에 있던 탁구대 3대 외에 여직원용 포켓볼 1대를 포함한 당구대 4대를 설치하였다. 점심 시간이면 남녀 직원들이 당구대에 모여 대화를 나누며 즐

▲ 금년 초 청사 중앙 홀에 설치한 당구장. 점심 시간에 남녀 직원들이 모여 게임을 즐기고 있다

거운 시간을 보낸다.

93년 11월에는 지하에 노래방을 만들어 운영해 오고 있다. 휴식 시간에 직원들이 자유롭게 이용하고 있으며, 저녁에 회식이 있는 경우에도 식사 후 다시 구청으로 돌아와 구내 노래방을 이용하기도 한다. 최근 다른 몇몇 구청에서도 설치했다고 한다. 처음 노래방을 꾸몄을 때나 금년에 당구장을 설치했을 때 직원들의 관심이 매우 높고 이용률이 높아 참 잘했구나 하는 생각이 든다. 요즈음 젊은 공무원들은 매우 발랄하다. 그들에게 일할 때 일하고 쉴 때 쉬는 분위기를 만들어 주어야 한다. 그래야 일할 맛이 난다.

별 할 일이 없어도 윗사람이 퇴근해야 따라 일어서는 시대는 지났다. 나라를 위해 힘껏 일해야 하는 것은 당연하다. 일을 잘하려면 무엇보다 그들 건강의 중요성을 인식하고 가정 또한 잘 지켜 주어야 한다. 직장이 그저 호구지책을 위한 수단에 불과하다고 생각하지 않도록 해야 한다. 생계 수단으로 매일매일 사무실을 나와야 한다면 참으로 서글프고 답답한 노릇이다. 직장에 애착을 갖고 자기가 하는 일에 흥미와 보람을 느낄 수 있도록 가치관을 심어 주고, 쾌적한 근무 환경을 갖추어 주어야 한다. 당구나 탁구 또는 노래방은 단순한 오락이나 여가 시설이 아니라, 직원 한 사람 한 사람을 소중히 여기는 하나의 작은 예 이다.

업무의 대부분은 우리들에게 스트레스를 가져다 주기 마련이다. 직원간의 휴식이나 여가를 통한 대화나 간단한 운동은 우리 생활을 부드럽고 여유 있게 해준다. 지난 겨울 카자흐스탄에 갔을 때 웬만한 직장이라면 사무실 뒷켠에 당구대가 설치되어 있는 것을 보았다. 사회주의 국가로서 모든 것이 엄격하게 통제되

시스템 개발이 중요하다

는 나라의 직장에 휴게 시설을 훌륭하게 갖추어 놓은 것은, 그것이 틀림없이 생산성과 깊은 관계가 있기 때문일 것이다.

우리는 깨어 있는 시간의 대부분을 직장에서 보낸다. 직장을 아끼고 자신이 하는 일에 애착을 갖는 것은 중요하다. 또한 작은 것에서부터 고정관념을 깨는 발상의 전환이 필요하다.

당구장이 있는 관청, 꼭 당구장 때문만은 아니겠지만 어딘지 멋지고 자신 있어 보이지 않는가.

송파 열린 서점

늘 드나들며 쉽게 책과 접근할 수 있게 해 놓았으니 책을 많이 읽을 수밖에 없다. 기웃대며 책 구경하는 모습이 책을 파는 이익보다 훨씬 더 소중하다는 생각이 든다. 구청에 처음 와 보는 사람들은 관청에 서점이 있는 것을 보고 참으로 신선하다고 찬사를 보낸다.

구청 현관을 드나들 때마다 홀 한쪽이 어딘지 모르게 허전한 것 같은 분위기가 늘 마음 한구석에 남아 있었다. 송파 지역에서 발굴된 백제 토기를 비롯한 송파 산대놀이 탈 등 문화재 모형 전시장을 꾸몄는데, 구에서 발행되는 각종 홍보 자료 전시, 안내 등 제법 포근하고 짜임새 있게 꾸미고 남은 한쪽 켠 역시 요긴하게 쓰여져야 하겠다고 생각하던 터에 서점을 하나 넣기로 했다. 서점 이름은 직원들로부터 공모하여 「송파 열린 서점」이라고 지었다. 예쁘장하게 서가를 만들어 다양하게 꾸며 보았다. 서점 밖에는 작은 공간을 두어 의자에 앉아서 쉬기도 하고 책을 읽거나 담소를 나눌 수 있도록 했다.

서점에는 유명 시인을 함께 근무하도록 하여 책을 안내하거나

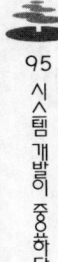

▲구청내에 설치 한 백제 토기를 비롯한 탈 등 문화재 모형 전시장을 보는 어린이들

▼구청 현관 한켠에 설치한 「송파 열린 서점」. 직원들이 수시로 이용할 수 있어 편리하다

독서를 지도하게 하였다. 시인을 만나기 위해 주부들과 학생들이 많이 찾아오고 매상도 상당히 오른다. 필요한 책을 주문받아 반드시 구해주고 10% 할인해 준다. 직원들이 수시로 책 구경을

하러 드나들고 자연히 독서량이 늘어난다. 책은 부서별로 단체 구입하기도 하며 상품이나 선물용으로 많이 팔린다. 이익금은 모두 직원 후생에 쓰여진다.

책을 멀리까지 가서 구입하는 것은 대단한 성의를 갖지 않으면 힘든 일이다. 늘 드나들며 쉽게 책과 접근할 수 있게 해 놓았으니 책을 많이 읽을 수밖에 없다. 관청에 서점이 들어서니 우선 분위기가 부드럽고 따뜻하게 바뀌어 친근감이 생긴다. 기웃대며 책 구경하는 모습이 책을 파는 이익보다 훨씬 더 소중하다는 생각이 든다. 구청에 처음 와 보는 사람들은 관청에 서점이 있는 것을 보고 참으로 신선하다고 찬사를 보낸다.

요즈음 작은 문제가 생겼다. 책의 할인 판매는 공정 거래에 관한 법률에 위반되는 것이니 제 값 다 받으라는 것이다. 인근 서점에서는 상대적으로 매상이 줄어들므로 반대하고 나선 것이다. 그 분들로서는 결코 작은 문제가 아니다. 밥그릇에 관한 문제다. 그 결과 직원들에 한해서만 할인해 줄 수밖에 없게 되었다. 그러자 직원들을 통해 할인 구입하는 방법이 사용되었으므로, 구청 내 서점의 원래 의미가 희석되는 곤란한 상황에 빠지게 되었다.

작은 복지 프로그램 하나에도 크건 작건 문제는 늘 따라다니기 마련이라는 생각이 든다.

시스템 개발이 중요하다

조례 시간에 보는 예술 공연

> 매월 초하룻날 정례 조례 시작 전에 약 15분
> 간 문화 행사를 갖는다. 행사나 공연도 〈기다
> 리는 공연〉에서 〈찾아 가는 공연〉으로 적극
> 적이어야 한다.

송파구가 지향하는 목표는 〈복지 송파〉, 〈문화 도
시〉이다. 그런데 막상 문화 행사장에 가 보면 구청
직원들의 모습은 눈에 잘 띄지 않는다. 문화 공보
실이나 총무과 직원 중 최소한의 담당자들만이 보
일 뿐이다. 예술 공연을 무료로 볼 수 있는 좋은 기회를 포기하
고 있는 것이다. 참으로 안타까운 일이다. 그렇다고 강제로 동원
할 수도 없다. 주민들에게 문화 수요를 충족시켜 주고 보다 문화
적인 도시로 가꾸어 가자면 먼저 구청 공무원들이 문화 예술을
이해해야 한다.

매월 초하룻날 갖는 직원 정례 조례 때 약 15분간 식전 문화
행사를 갖도록 하고 있다. 유명 예술인을 초청하여 수준 높은 공
연을 공무원들에게 보여 준다. 구민 회관의 공연 등에 참석하지

▲ 매월 초하룻날 직원 정례 조례 때 갖는 식전 문화 행사. 춤사위에 조례 시간이 한결 부드럽다

않던 대다수 직원들이 조례 때 짧은 시간에 보여 주는 예술 공연에 즐거워한다.

　막상 감상을 하고 나면 좋게 받아들이지만 실제 공연장을 찾기까지는 어려움이 따른다. 그러므로 문화 예술 행사나 공연도 〈기다리는 공연〉에서 〈찾아가는 공연〉으로 적극적인 방법을 써야 한다. 요즈음 세종문화회관 뒤 분수대 광장에서 점심 시간을 이용하여 수준 높은 공연을 볼 수 있도록 하고 있는데 바람직한 일이다. 가로나 공원 등에 조그만 문화 공간을 마련하여 문화 예술과 쉽게 접할 수 있도록 하는 것은 생활 속에 문화 예술을 심는 좋은 방법이다.

　외국에 다녀 보면 의식이나 회의 전에 간단한 공연(주로 민속 공연)을 하는 것을 자주 본다. 국내 민간인 행사에서도 이와 같은 장면은 흔히 볼 수 있다. 문화의 생활화라고도 할 수 있다. 공무원 사회도 경직된 분위기에서 탈피하여 보다 부드럽고 문화적인 의식과 행사로 바뀌어야 하지 않을까.

공연을 하는 예술인들도 반드시 훌륭한 무대, 수준 높은 관객이어야 공연할 가치가 있다고 생각하지 말고, 마치 목마른 사람에게 물을 주듯 예술이라는 양식을 공급해 준다는 생각을 가져야 할 것이다. 예술가가 예술이라는 귀한 상품으로 시민들에게 봉사한다는 것은 가치 있는 일이다.

95년부터 매월 조례시에 공연하는 내용은 가곡, 사물놀이, 송파 산대놀이, 살풀이 춤, 장고, 승무 등 일단 우리 것을 우선적으로 보여 준 후 좋은 공연을 선택하고 있다.

고마운 것은 저명한 분들이 무대 시설도 보잘것없고 관객도 딱딱한 분위기의 공무원들이지만 성의 있게 공연해 주고 있다는 사실이다.

비단 행사 때의 공연만이 아니라 우리 생활이 문화와 예술에 젖어 있다고 상상해 보라. 얼마나 멋진 삶인가. 또한 그것은 어려운 일도 아니다. 누구나 어디서나 할 수 있다.

살림 잘하는 남자

남편 직장 찾아보기

> 직장을 이해하는 것은 가장을 이해하는 것이
> 고, 가장을 자랑스럽게 생각하는 것은 가정과
> 사회를 지키는 힘이다.

 우리 나라는 전통적으로 남편이 밖에서 하는 일에 대해 부인이 잘 알지 못하고, 알고자 하면 일종의 부덕한 간섭으로 생각해 왔다. 근래에 와서 이러한 의식 구조가 많이 달라지기는 했으나 아직도 소극적이다.

우리 나라 40대 남자는 세계적으로도 가장 일 많이 하고 스트레스 많이 받고 그래서 사망률도 높다고 한다. 나의 남편이 매일 밤늦게 귀가하는데 직장에서 무슨 일을 하고 있는 걸까. 남편이 스트레스받는 것 같은데 무슨 일일까.

요즈음 남자들은 직장 일을 집에 와서 얘기하고 상의하는 일이 많다고 한다. 부인이나 가족들이 가장이 하는 일을 이해한다는 것은 바람직한 일이다.

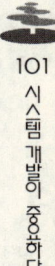

우리 구청은 직원 부인, 자녀 등 가족들을 초청하여 남편이 근무하는 사무실을 보여 주고, 그들이 하는 일이 지역과 나라 발전을 위해 얼마나 중요한가 하는 점과 시설 환경, 구정 소개, 관내 문화 유적지, 주요 시설 등을 견학하도록 하고 있다. 요즈음엔 여직원 수가 증가하여 이 경우에는 남편이 견학을 와야 하는데 남편들의 숫자는 그리 많지 않다.

구청과 관내 시설을 돌아보고 난 가족들은 남편이 하는 일에 대해 대체로 깊이 이해하고 근무 환경도 매우 좋다고 인식하고 있다. 가장 중요한 것은 남편이 하는 일에 가족들이 긍지를 느낀다는 점이다.

하위직 직원들은 부인이 자신의 사무실 책상까지 와 보는 것을 꺼리는 경향이 있어, 남편 책상까지는 안내 하지 않고 구청의 각종 시설과 운영 상태 그리고 주요 부서를 견학하게 한다.

한번은 하위직 공무원 아내가 다른 사람에게 자기 남편 책상

▲ 남편이 근무하는 사무실을 찾은 부인들. "내 남편 자리는 어디에……."

을 물어 찾아와 앉아 보고 오히려 음료수, 과자를 해당 과 전직원에게 나누어 준 일이 있었는데, 그 후부터 자신들의 아내에게 스스럼 없이 자신이 일하는 모습을 보여 주고 있다. 일행은 구청에서 준비한 점심 식사를 하고 관내 롯데 월드를 구경하며 즐거운 시간을 갖는 것으로 일정을 끝낸다.

우리 나라 주부들은 남편이 직장에서 하는 일에 대해 너무 모르고 지낸다. 어느 부인은 남편이 매일 저녁 늦게 귀가하는데 도대체 말이 되느냐고, 남편에게 불평하고 구청장에게 편지를 쓴 일도 있었다. 그런데 막상 와서 일하는 것을 보니 밤 늦도록 업무 처리를 위해 일하는 남편이 측은하기도 하고, 하는 일이 시민 생활의 안전과 사회 질서에 중요하다는 것을 알고는 남편이 무척 자랑스럽다고 고백하기도 했다.

세금 착복 사건 후 공무원 범죄가 보도될 때마다 이웃에 얼굴 들기가 힘들었는데, 대다수 공무원들이 묵묵히 열심히 일하는 것을 보고 자부심과 힘을 얻었다고 힘주어 말하는 주부를 대하며, 새삼 구청장은 직원들의 가정도 세심한 관심을 갖고 배려해 주어야 한다는 생각을 했다.

직장을 이해하는 것은 가장을 이해하는 것이고, 가장을 자랑스럽게 생각하는 것은 가정과 사회를 지키는 힘이다.

시스템 개발이 중요하다

제3장 다양한 참여 프로그램이
삶의 질을 높인다

지방 자치는 주민 자치이다
계층별, 대상별 다양한 참여 프로그램이
지방 자치를 정착시키 고,
주민의 <삶의 질>을 높인다

단지 사회와 주민 참여

구청은 주민 참여를 높이는 행정 프로그램을
개발해야 한다. 단지 사회가 갖는 집단 이기
심을 집단 공동체 의식, 특히 집단 봉사심으
로 전환시키는 일이 중요하다.

우리 구의 주거 형태는 약 80%가 아파트, 연립 주
택 등 공동 주택으로 이루어져 있다. 우리 나라는
하루가 다르게 전국이 도시화되어 가고 있으며, 도
시화는 곧 아파트 단지화되어 가고 있음을 의미한
다. 복잡한 도시, 아파트 단지 안에서 사람들은 복잡한 관계를
이루며 매일매일 살아가고 있다. 그런데 어떤 문제가 생기거나
단지내 전주민의 공동 관심사가 있을 때는 잦은 인간 관계를 갖
지만, 일상 생활 속에서는 이웃에 대한 관심을 별로 갖지 않으며
자기 중심적으로 살아가는 것이 보통이다.

예전의 목가적인 사회에서는 드문드문 집들이 있어도 마음은
늘 가까이 있어 친밀한 인간 관계를 가졌으나, 현대 도시 사회에
서는 집들은 가까이 있지만 마음은 떨어져 있다.

다양한 참여 프로그램이 삶의 질을 높이다

자치 시대에 행정을 해 나가자면 주민 참여가 기본적으로 전제되어야 하는데, 지금과 같은 단지 사회에서 어떻게 하면 참여 의식을 고취시킬 수 있을까.

단지 사회에서는 하나의 이슈가 생기면 참여 의식도 높고 참여율이 높아지기도 하지만, 문제는 단지 사회가 하나의 거대한 이익 집단화할 우려가 있다는 점이다. 또 실제로 그와 같은 방향으로 가고 있다. 주유소나 고층 건물을 반대하기 위한 데모에는 적극 참가하지만, 이웃을 축하하거나 격려하는 모임에는 인색하다. 반상회에 사람들이 모이기는 해도 자발적인 것은 아니다. 마찬가지로 데모에 참가하기 싫지만 동원이 잘 되는 까닭은, 자기 개인의 이익을 추구하기 위해 자체적으로 벌금을 부과하거나 심리적 압박을 가하기 때문이다. 그 이익이 크면 클수록 참여 의식도 커진다.

이러한 형태의 참여는 지역 발전이나 이익과는 거리가 먼 것이라 긍정적인 참여가 아쉽다. 자신의 이익만을 위하여 지역 활동에 참여한다면 지역 공동의 이익 추구는 누가 할 것인가. 더구나 인구 이동률이 연 30% 이상되는 도시 사회에서 지역 행정에 주민 참여율을 높이는 것은 쉬운 일이 아니다. 구청은 주민 참여를 높이는 행정 프로그램을 개발해야 한다. 단지 사회가 갖는 집단 이기심을 집단 공동체 의식, 특히 집단 봉사심으로 전환시키는 일이 중요하다. 동기 부여를 잘하면 단지 사회가 갖는 굉장한 힘을 이끌어낼 수 있다.

나는 구청장의 임무를 맡은 이래 이 부분에 대해 늘 고심해 왔다. 그리고 그 동안 펼쳐 온 참여 행정이 상당한 성과를 거두고 있다고 생각한다. 서울 올림픽을 치를 때 보여 준 국민적 단합과

살림 잘하는 구청

지역 사회의 노력은 우리 나라가 앞으로 주민의 긍정적 참여를 얼마든지 이끌어 낼 수 있음을 보여준다. 내 고장 의식을 심어 주고 이웃을 돌보고 도와 주는 자원 봉사 활동, 문화 체육, 동네 축제, 취미 교실, 청소년 프로그램 등 다양한 프로그램을 통하여 주민 참여를 유도해야 한다.

지역 개발을 할 때도 계획 단계에서부터 주민들을 참여시켜야 한다. 예컨대 「도시 계획 위원회」를 토목·건축 전문가들로만 구성하는 것은 잘못이다. 도시가 건축물이나 시설로만 이루어지는 것은 아니기 때문이다. 철학, 역사, 미술, 사회학, 심리학 등 각 분야의 다양한 전문가의 참여가 바람직하다. 이것은 비단 주민 참여라는 측면만이 아니고 도시를 하나의 인간 중심의 유기체로 볼 때 너무나 당연한 것이다.

송파구에서는 법규상 이들 분야의 전문가들까지 참여시킬 수는 없도록 되어 있으므로, 도시 계획 위원이 아닌 일종의 배심원 자격으로 배석하게 하여 의견을 제시하도록 하고 있다. 이들은 의사 결정권은 없지만 도시 계획 위원들로 하여금 폭 넓은 의견 수렴의 기회를 제공한다. 이제는 건축물의 색채 하나, 도로 시설물 하나하나에 이르기까지 도시에 애정을 느끼고 꿈과 쾌적함을 줄 수 있도록 세심하게 배려해야 한다.

또한 주민이 주체적으로 참여할 수 있는 프로그램을 계속 개발해 나가야 한다. 단지별로 축제를 벌이고, 불우한 이웃을 찾아가 돕고, 사진전, 시화전, 미술전 등 문화 행사를 벌이는 것은 지역 사회에 안정감을 준다. 매년 주민들이 자율적으로 개최하고 있는 올림픽 아파트의 「오륜 축제」나 잠실 5단지의 「벚꽃 축제」 등의 지역 행사는 대표적인 사례다. 도서관도 한 군데에 크게 지을 것이 아니라 권역별로 소규모로 지어 단지별로 쉽게 이용할 수 있어야 한다. 송파구에서 소규모 도서관을 계속 지어 나가는 것은 바로 이 때문이다.

89년부터 실시해 오고 있는 취미·레크리에이션 교실은 전국에서 가장 다양하고 새로운 프로그램으로 유명하다. 구민 누구나 자신의 취미에 맞는 프로그램을 다양하게 선택하여 참여할 수 있다. 일방적으로 배우고 끝나는 것이 아니라 참여자들이 스스로 연습한 것을 주민들 앞에 발표하여 보람을 갖게 하고, 또 다른 참여를 유발하는 주민 참여의 좋은 본보기로 발전해가고 있다. 단순한 취미 교실이 아니라 지역 정서를 순화하고 지역 문화를 향상시키는 데 크게 기여하고 있다.

이와 같은 프로그램도 구에서 일률적으로 운영할 것이 아니라, 단지 사회별로 특색 있게 자율적으로 운영하는 것이 더욱 바람직하다. 95년부터 운영하고 있는 오류동 부녀 교실은 올림픽 아파트 새마을 부녀회가 주체가 되어 스스로 운영하고 있는 모범적 여가·취미 교실이다. 구청에서 건물을 7억 원에 매입하여 보수한 후 주민들에게 맡겨 자율 운영 체제로 전환하여 좋은 성과를 보고 있는 케이스이다.

단지 사회와 주민 참여. 긍정적인 참여 의식을 갖게 하고 지역 사회에 적극 참여시키면 지역 발전에 대단한 효과를 얻을 수 있다. 앞에서도 언급했듯 지역 이기주의나 집단 투쟁 수단으로 발전하면 지역 사회를 걷잡을 수 없는 혼란으로 몰아 넣을 수도 있다.

서울에서도 가장 학력이 높고 젊은 세대로 구성된 젊은 송파는 주민들에게 보다 밝고 분명한 비전을 주고 참여와 협력을 구

살림 잘하는 남자

하는 행정 프로그램을 계속 개발해 나갈 것이다. 이미 주민 참여 의식이 상당한 수준에 도달해 있으므로 이를 가속화하는 일은 그리 어려운 일이 아니라고 본다.

구 시책 주민 점검단

아무리 좋은 시책이라도 주민에 의해 검증, 평가되지 않으면 실효를 거두기 어렵다. 기능별로 계속적으로 효과를 측정하고 의견을 수렴할 수 있어야 한다.

주민 참여는 지방 자치의 필수 요건이다.

아무리 좋은 시책을 내놓아도 그것이 주민에 의해 검증되고 평가되지 않으면 실효를 거두기 어렵다. 그래서 구정 모니터 역할을 하는 유사한 제도가 전부터 있었다. 그러나 좀더 기능별로 집중적이고 계속적으로 효과를 측정하고 주민 의견을 수렴할 수 있는 수단이 필요하다.

이러한 요청으로 93년 4월부터 구성, 운영해 오고 있는 것이 「구 시책 주민 점검단」이다. 단원 103명을 공개 모집하여 출발한 이 조직은, 4개 분과로 구성되어 소관 기능별로 임무를 부여받아 활동한다. 처음에는 「구 시책 주민 평가단」이라고 명명하여 구 행정에 관한 주민 의견 수렴은 물론 계획의 수립, 집행, 효과 측정 부분에 걸친 모든 과정을 주민들로부터 평가받고자 했으나, 초기 구 의회의 반대로 〈평가단〉을 〈점검단〉으로 바꿨다. 이유인즉 구정에 대한 평가는 구 의회에서나 하는 것이며, 주민 조직을 다시 구성하는 것은 중복되는 일이고 구 의회의 위상에 손상을 입힐 수 있다는 주장 때문이었다. 실제 임무를 수행하면 되는 것이므로 명칭을 바꾸고 구 시책의 시행 과정을 점검하고 평가를 내리는 일을 하도록 했다.

시민 생활 분과에서는 물가와 가격 동향을 조사하고 심야 퇴폐 업소 및 변태 업소 신고 등을 맡았다. 보건·사회 분과에서는 사회 복지 시설 운영, 기타 보건, 청소, 환경, 사회 복지와 관련된 모든 사항을 담당한다.

도시·건설 분과에서는 도시 시설물, 도로 시설물, 건축물 등에 대한 관리 상태 점검과 동향 제보 등의 업무를 부여하였다. 교육·청소년 분과에서는 학교 주변 위해 요인에 대한 정보, 개선 사항 등을 점검하도록 하였다.

점검 단원들은 구 간부 주요 회의와 각종 행사를 비롯한 위원회에 배석하고 의견을 제시할 수 있다. 이들은 연간 1,000여 건의 시민 불편 사항이나 건의 사항을 제시하고 있고, 지역 사회의 오피니언 리더로서 훌륭한 역할을 해내고 있다.

다양한 참여 프로그램이 삶의 질을 높이다

고액 납세자를 윗자리에

세금을 많이 낸다는 것은 자랑스러운 일이다.
그리고 자치 단체의 입장에서 볼 때 감사한
일이다. 고액 납세자의 사업이 잘 되도록 도
와 주고 그가 자신의 고장에 더욱 애정을 갖
도록 해야 한다.

민선 구청장에 당선되어 취임식을 할 때 지역에서
세금을 제일 많이 내는 K씨를 단상 중앙에 앉도록
했다. 세금을 많이 낸다는 것은 자치 단체의 재정뿐
만 아니라 국가적으로 드높임을 받아야 하고 자랑
스러운 일이다.

취임식, 기념식, 신년 인사회 등의 행사에 고액 납세자들을
참석시킴으로써 주민들로 하여금 감사하는 마음을 갖게 하고,
젊은이들이 자신도 일을 열심히 하여 이 다음에 고액 납세자가
되겠다고 마음먹는 것은 고무적인 일이다. 당시 K씨는 외국에
출장중이었는데 행사에 참석하기 위해 서둘러 귀국했다고 한
다. 본인도 그렇겠지만 구청이나 주민들도 흐뭇한 일이 아닐 수
없다.

다른 나라 지방 자치 단체 공무원들을 보면 재정 확충을 위해 안간힘을 쓴다. 기업을 유치하기 위해 뛰어다니고 고객 확보를 위해 별의별 아이디어를 다 짜낸다. 심지어 음식점 홍보 전단을 갖고 다니는 공무원들도 본 일이 있다.

몇 년 전 샌프란시스코 항에 갔을 때 시 항만청 관계자가 안내하는 배를 타고 항만 일대를 돌아 본 일이 있다. 그들은 많은 배들을 이 항구에 입항하게 하여 시 수입을 올리려고 노력하고 있었다. 3시간에 걸친 선상 시찰을 끝내고 하선할 때 선장은 샌프란시스코 항의 장점을 다시 한 번 강조하면서, 한국의 H그룹 해운 화물들이 그 항구를 이용하도록 기회가 되면 얘기해 달라고 부탁해 왔다. 그 후 그의 부탁을 H그룹에 전할 기회는 없었지만, 시 세입을 올리려고 애쓰는 선장의 모습을 잊을 수가 없고 일종의 빚을 지고 있는 기분이다.

최근 우리 나라에서도 각 자치 단체들이 재정 확보를 위해 활발하게 활동하고 있다. 이러한 현상은 민선 이후 더욱 그러하다.

세금을 많이 낸다는 것은 자랑스러운 일이다. 그리고 자치 단체의 입장에서 볼 때 감사한 일이다.

고액 납세자의 사업이 잘 되도록 도와 주고 그가 자신의 고장에 더욱 애정을 갖도록 해야 한다.

다양한 참여 프로그램이 삶의 질을 높인다

무궁화 구청장

올림픽을 치른 송파구에 나라꽃이 너무 적어
일정 구간에 집중 식재하여 무궁화 거리, 무
궁화 동산을 계획해 오던 터에, 금년에 우선
올림픽 공원 앞 도로인 위례성길 2km구간에
무궁화를 심기로 하고 식목일을 전후로하여
나무 심기 행사를 가졌다.

송파구 오금동 새마을 금고 이사장직을 맡고 있는
진채석陳彩錫씨는 무궁화 전문가로 널리 알려진 분
이다.
그가 1962년부터 특별히 무궁화에 심취하게 된 동
기는, 시민들이 무궁화에 대한 관심보다 화사한 벚꽃을 더 좋아
하는 것 같아 우리 꽃인 무궁화를 보급하는 운동을 벌여야겠다
고 생각한 것에서부터 비롯되었다. 그는 무궁화 관련 서적을 탐
독하고 식재 방법을 직접 배워 지난 34년간 줄기차게 무궁화 보
급을 실천해 왔다. 심는 일에서부터 가꾸는 일, 보급하는 일, 무
궁화를 종류별로 구분하고 개량하는 일, 감상하는 방법, 특징 등
무궁화와 관련된 전문 지식을 쌓아 사람들 사이에서 〈무궁화 박
사〉로 통하게 되었다.

▲ 올림픽 공원 앞 위례성길 2km 구간에 무궁화를 심어, 「무궁화 거리」로 명명했다

그렇지 않아도 올림픽을 치른 송파구에 나라꽃이 너무 적어 일정 구간에 집중 식재하여 무궁화 거리, 무궁화 동산을 계획해 오던 터에, 금년에 우선 올림픽 공원 앞 도로인 위례성길 2km 구간에 무궁화를 심기로 하고 식목일을 전후로하여 나무 심기 행사를 가졌다. 주민들과 더불어 750주의 무궁화를 심으며 진씨로부터 무궁화에 관한 얘기를 흥미있게 들었다. 다른 나무도 그렇지만 무궁화야말로 심는 것도 중요하지만 가꾸는 것이 더 중요하다. 아이를 낳는 것 못지않게 기르는 것이 중요한 것처럼.

무궁화는 일정한 장소에 집중적으로 심는 것도 보기 좋지만, 집 정원이나 공원, 길가 등 요소요소에 심고 가꾸어 무궁화에 대한 애정을 갖는 일이 중요하다. 벚꽃 축제, 장미 축제는 흔해도 무궁화 축제는 그렇지 않다.

그가 동네에 다니면서 빈 땅에 무궁화를 심자 많은 사람들이 호응해 주었다. 일부에서는 진딧물이 많아 기르기도 힘든데 가

다양한 참여 프로그램이 삶의 질을 높인다

꾸지 못할 것을 뭐하러 심느냐고 말리는 사람들도 있었다고 한다. 그는 이 일을 계속했고 올해 오금동 남부 순환 도로변에 250그루의 무궁화를 심은 것을 비롯해 더욱 활발히 무궁화 보급 운동을 벌이고 있다.

지난 식목일 그는 나에게 송파구에 있는 무궁화는 자신이 모두 가꾸겠으니 무궁화 관리 권한을 달라고 했다. 나는 즉석에서 무궁화에 관한 한 진씨가 구청장임을 확인시켜 주었다. 매월 실시하는 직원 조례 때 그를 송파구 명예 구청장으로 위촉했다. 명예 구청장은 거의 모든 구청에서도 실시하고 있는 제도이다. 대체로 덕망이 있고 남을 돕는 일에 적극적이며, 구 행정에 협조하는 사람들 20 - 30명으로 구성되는데 여성들이 많다.

송파구에서는 각 분야별로 특별히 구 행정에 협조적이고 지역 봉사에 앞장설 사람들을 전문 분야나 기능별로 계속 발굴하여 명예 구청장으로 위촉하고 있다. 이를 테면 하수도 구청장, 종량제 구청장, 공원 구청장, 탁아소 구청장, 예술 구청장, 생활 체육 구청장, 환경 구청장 등이 그것이다.

진채석 씨는 무궁화 구청장으로서 명예 구청장 1호인 셈이다.

주민과 함께 짓는 쓰레기 소각장

자신이 사는 동네에 쓰레기 소각장을 짓는다
면 누구나 이맛살을 찌푸린다. 모든 절차에서
건설에 이르기까지 주민의 이해와 참여가 필
요하다.

쓰레기 소각장하면 제일 먼저 굴뚝이 높은 M지역
소각장이 떠오른다. 그 다음에는 군포시와 노원구
에서 일어났던 격렬한 반대 시위가 떠오른다. 쓰레
기 소각장은 곧 공해 시설이며 소각장이 들어서면
생활 환경이 나빠지고 집값도 떨어진다고 생각한다. 「자원 회
수 시설」이라고 이름을 고쳐 부르고 있지만 그 이미지는 매한
가지다.

그러한 소각장을 송파구에 지으려고 계획하고 있다. 송파구에
서 배출되는 쓰레기는 강남구 일원동에 지을 소각장에서 처리할
계획이었으나, 민선 구청장이 들어서고 서울시에서 1구 1소각장
원칙으로 계획이 변경되어 싫든 좋든 별도로 지을 수밖에 없게
되었다.

작년 가을 송파구에 쓰레기 소각장을 짓겠다고 계획에 들어섰을 때, 이 사실이 모 TV뉴스에 보도된 일이 있었다. 장지 지구가 예정 지역으로 하루 처리 용량 1,500ton 규모의 쓰레기 소각장을 건립해 공해 없는 최신 시설로 선정하고, 구청장 관사도 공장내에 지어 구청장이 공장내에 거주하며 직접 점검, 운영할 것이라는 보도가 나가자마자 구청 당직실에 인근 주민들의 문의가 잇따르고 항의 전화가 걸려 왔다. 우리 구는 쓰레기 소각장 건설 계획이 없는데 왜 구청장이 자기 마음대로 부지를 선정하고 이런 공해 시설을 지으려고 하느냐는 거다.

아침에 출근하여 당직 과장으로부터 전날 밤에 있었던 사실을 보고받고, 바로 그날의 일정을 수정하여 쓰레기 소각장 건설에 이의가 있는 분들과 당장 만나기로 했다. 동사무소 회의실에 누구든지 궁금한 분은 나오라고 하여 오후 3시에 자리를 함께했다. 40여 명쯤 되었다. 그처럼 일찍 설명회를 갖게 되리라고는 전혀 예상치 않았는데 보도가 되는 바람에 갑자기 대화를 하게 된 것이고, 나로서는 상식 이상의 아무런 사전 지식도 준비도 없었다. 그저 쓰레기와 관련된 송파구의 현실과 앞으로의 문제를 솔직하게 털어놓고 얘기하고 싶었다. 그리고 답변 준비로 시일을 끄는 것보다 당장 만나서 한 명이라도 이해시키는 것이 필요하다고 생각되었다.

"앞으로 환경 문제는 인류가 해결해야 할 최대의 과제이며 그것이 우리 송파구에도 현실적인 문제로 다가왔습니다."

거창한 환경 문제 얘기로 시작해 구체적인 상황 설명을 했다.

"금년에 김포 매립지 조성비로 89억 원을 내야 하고, 2000년까지 362억 원, 2010년까지 1700억 원을 부담해야 되는데, 그렇게 하자면 우리 구 예산은 쓰레기 처리에 다 쏟아 넣게 되고 복지나 문화 사업 등은 할 수 없게 됩니다. 쓰레기 처리에 있어서 가장 중요한 것은 재활용입니다. 그 나머지는 결국 소각해야 합니다. 지금까지 매립하던 나라들도 거의 소각으로 방향을 바꾸었고 미국도 매립을 금지하는 법을 만드는 상황입니다."

쓰레기 처리에 관한 일반적인 상식과 세계적인 경향 그리고 우리의 사정을 얘기해 나가니까 긍정적인 자세로 귀를 기울이는 것을 느낄 수가 있었다.

계속해서, "1구 1소각장으로 서울시의 시책이 바뀌었는데 만일 우리 구에서 지금 소각장을 짓지 않으면, 이 지역이 개발되고 집이 들어선 후 짓기는 무척 어려울 것입니다. 더욱 중요한 것은 지금 짓는 구에 한해서만 건설비 전액을 시에서 부담하는데 우리 구의 경우 약 1500억 원으로 예상됩니다. 이번 기회를 놓치면 다음에 필요해서 지으려고 해도 그 비용을 구비로 충당해야 하는데 그 엄청난 돈을 구에서 낼 수는 없습니다. 그렇게 되면 비싼 처리비를 내고 이곳저곳 쓰레기 소각장이 있는 구를 찾아 구걸하여 소각할 수밖에 없게 됩니다. 쓰레기 소각장을 반대하는 이유는 그것이 공해 시설로 인식되어 있기 때문인데 소각장은 공해 물질을 거의 배출하지 않는 최신 시설이 얼마든지 있으므로 걱정하지 않으셔도 됩니다. 오스트리아, 스위스, 독일 등에서 개발된 새로운 소각 시설은 거의 무공해입니다."

계속해서 다이옥신 배출에 관한 설명과 건설 방법, 운영에 관해서도 성의 있게 설명하였다.

소각장을 건설하면 법상으로는 300m 이내에 거주하는 주민들에게 보상을 하도록 되어 있다. 그런데 그 범위에 해당하는 가구

다양한 참여 프로그램이 삶의 질을 높였다

는 단 2가구가 있을 뿐이었다.

그러니까 쓰레기 소각장 건설 후보지로는 가장 적당한 지역인 셈이다. 다만 당시만 해도 언론에서 예상 지역을 보도한 것뿐이지 구체적인 대상 부지는 선정되지 않은 상태였다. 약 1시간에 걸친 나의 설명에 주민들은 이해가 간다는 표정이었다.

설명을 마치고 궁금한 사항이 있으면 얘기하라고 하니 한 분이 손을 들고 질문을 했다. 즉, 쓰레기 소각장이 꼭 필요한 시설이라는 것은 인정할 수 있겠는데 그러면 자신의 동네에 청소차가 집중 운행되어 많은 피해를 보게 될 것이므로, 앞으로 청소차를 좀 깨끗하게 하고 차량 운행 시간과 노선도 고려해 달라는 요지였다.

1차 설명회는 그런 대로 잘 끝낸 셈이었다. 홍보 유인물을 만들어 계속 이해를 구하고 궁금한 주민들이 있으면 현지에 나가 설명회를 갖는 등 본격적인 추진에 들어갔다.

▲공청회를 열어 주민들의 의견과 동의를 얻고 있다

구청 3층 구청장실 맞은편 소회의실에는 「자원 회수 시설 홍보관」을 설치하여 소각 시설의 소각 과정, 유형, 필요성, 공해 물질 처리 방법 등 한눈에 알아볼 수 있도록 꾸며 놓았다. 이곳에 많은 어린 학생들이 견학을 오고 있으며, 쓰레기 소각시설에 대한 일반의 이해를 돕는 데 큰 역할을 하고 있다. 앞으로 건설될 이 시설은 그 명칭을 「송파 환경 공원」이라고 이름 붙여 환경 교육장이 포함된 공원으로 건설할 것을 계획하고 있다.

부지 선정 위원회에서 부지를 선정하여 장지동으로 결정했으며, 6월 초에 구민 회관에서 주민 공청회도 가졌다. 학계, 관련 단체, 전문가, 서울시, 구 의회 등에서 참여한 이 공청회에서 전문 분야별로 충분한 설명이 있었으며 참석한 대부분의 주민들이 이해하였다. 다만 인근 아파트 주민 일부가 그래도 찬성할 수 없다고 하였으나, 그 아파트는 법정 거리보다 훨씬 더 거리를 두고 있어 보상 대상에는 포함이 안 된다.

송파 구민 1,004명을 대상으로 하여 무작위 표본 조사한 결과에 의하면 송파 구민의 99%가 쓰레기 소각장 건설에 찬성하고 있으며, 자신이 사는 동네에 건설해도 찬성한다는 주민이 83%나 되었다. 자신이 사는 동네에 설치하면 무조건 반대한다는 주민도 7%였다.

특이한 것은 주민 중 73%가 소각장 건설을 시가 아닌 구청장이 직접 책임지고 해야 한다는 것이었다. 나는 소각장 전문가도 아니고 그 분야에 식견이 있는 것도 아니다. 주민들도 그것을 안다. 그래도 구청장이 짓기를 원한다. 왜일까? 신뢰하고 싶기 때문일 것이다. 시장에게도 그 같은 사실을 보고하였으며, 현재 송파구는 구 단위에서의 건설을 추진하고 있다. 세계적인 전문가

다양한 참여 프로그램이 삶의 질을 높이다

들과 접촉하여 하나하나 따지며 해 나가면 못할 일도 아니라고 본다.

현재 송파구 자원 회수 시설은 순조롭게 추진되고 있다. 모든 절차에 주민들이 참여하는 가운데 이해와 동의를 얻어 한 단계씩 발전시켜 나가고 있다.

고쳐 쓰기 센터

고쳐 쓰기 센터는 물자 절약 그 자체도 중요
하지만 이 제도를 통해 시민들의 검약 정신이
커지고 있으며, 자원 재활용이 환경 보호와
자원 보호를 위해 얼마나 소중한가를 몸소 알
수 있게 한다는 점이 더욱 중요하다.

얼마 전까지 내가 살던 집은 단독 주택가에 있었다.
멀쩡한 정원수가 뽑혀 길가 공터에 버려진 것을 출
근 길에 종종 볼 수 있었다. 교체하려고 뽑은 나무
를 아무 데나 버리는 국민이 우리 말고 또 있을까
싶은 생각이다. 그럴 때마다 주워서 집에 가져다 심었다. 우리
집 정원에는 남이 보기 싫어 뽑아 버린 나무가 약간은 무질서하
지만 많이 자라고 있다.

또 한번은 집 근처에 커다란 짐 보따리가 버려져 있어 풀어 보
니 이불, 헌옷가지가 잔뜩 들어 있었다. 그중에 점퍼, 트레이닝
복 등 헌옷을 주워 지금도 입고 있다. 말이 헌옷이지 거의 구별
할 수 없을 정도의 새옷이다. 궁상맞다고 할지 모르지만 지금도
양말을 꿰매 신고 다닌다. 구청장이 돈이 없어 길에 버린 헌옷

다양한 참여 프로그램이 삶의 질을 높이다

주워 입고 양말 꿰매 신고 다니겠는가. 그러나 자랑할 것이 별로 없는 나는 그걸 자랑으로 생각하고 싶다. 옛날 같으면 당연한 일을 갖고!

불과 30년 전만 해도 우리는 깡통을 펴 조각조각 이어 함석을 만들어 지붕을 얹었으며, 드럼통을 펴 철판 대용으로 썼다. 쓰레기통에서 나오는 유리병, 쇳조각, 종이, 무엇 하나 버리는 것이 없었다. 의자가 부서지면 나무를 주워 맞춰 절름발이 의자를 겨우 면하면 그것으로 만족했다. 시멘트 포장 푸대를 잘 펴 장판을 하는 데 사용하기도 했다. 10여 년 전까지만 해도 볼펜심은 따로 구입하여 볼펜 껍데기는 거의 영구히 사용했다.

풍요로운 현대를 살아가면서 그때가 가끔씩 그리워지는 것은 왜일까. 한때 소비가 미덕이라고 마구 퍼 써대고 내일 당장 세상 끝나는 날이라도 오는 줄 알고 흥청대던 우리들의 부끄러운 두 얼굴이 짧은 세월 속에 교차해 온다. 풍요로울수록 절약하는 것이 중요하다. 세계 인구 중 10억 가까운 사람들이 굶주리고 있으며 1년에도 수천만 명이 굶어 죽고 있는데, 한쪽에서는 먹고 쓰는 것보다 버리는 것이 더 많은 죄악스런 세상이다. 시민들에게 아껴 쓰는 것이 미덕임을 깨닫게 하고 재활용을 권장하고 검약하는 것이 얼마나 중요한가를 일깨워 주어야 한다.

수년 전 일본을 방문했을 때 나를 안내하던 한국 유학생으로부터 들은 일본인들의 검약하는 생활 모습이 생각난다. 일본인들의 검소한 생활 태도는 전부터 들어 잘 알고 있다. 그들의 중고 재활용품 교환소는 매우 유용한 제도라고 한다. 자신에게 더 이상 필요 없는 물건들을 일정한 장소에 가져다 놓아 필요한 사람이 가져가도록 하고 있어, 그 유학생도 생활에 필요한 거의 모든 물건을 그곳에서 마련했다고 한다.

일본뿐만 아니라 유럽 대부분의 나라들이 일상 생활에서 절약을 기본으로 하고 있다. 물건을 아껴 생활비를 덜 들게 한다는 경제적 목적 외에도, 국가 자원을 아끼고 자연 환경을 보호한다는 의식이 몸에 배어 있는 것이다. 중고 물품이나 고장난 제품을 고쳐 필요한 사람이 더 쓰는 일은 이제 국가적으로 권장해야 할 국민적 사업이다.

조금만 여유 있으면 마구 버리는 나쁜 습관을 가진 우리들, 현재의 행복이 지난날의 고통을 송두리째 지워 버리는 우리네 습성, 헌것을 아껴 사용하면 인색하거나 궁상맞다고 생각하는 일부 풍족한 족속들. 헌 물건을 쓰라고 해봐야 그것이 얼마나 오래 가겠느냐는 생각을 가진 사람들이 많다.

93년 10월 문정동에 「고쳐 쓰기 센터」를 세워 문을 열었다. 많은 사람들이 이곳을 찾고 고장난 물건을 고쳐서 다시 쓰고자 하는 사람들이 생각보다 많은 것을 보며, 절약하는 사람들 건전한 생각으로 살아가고 있는 사람들로 해서 이 사회가 그래도 잘 굴러가고 있구나 하는 생각이 들었다.

800여 평의 대지 위에 200평 규모의 건물을 세워 가정에서 나오는 물건 중 고쳐 쓸 만한 것은 무엇이건 받는다. 기증하는 물건은 고쳐진 후 다른 사람이 쓰도록 싼 값에 판매하고, 고쳐친 후 다시 가져가서 쓰기도 한다.

수집 물건은 TV, 라디오, 오디오 등 가전 제품과 자전거, 재봉틀, 운동 용품 등 기계류, 그리고 책상과 의자 따위의 가구류와 의류, 신발류 등 재활용이 가능한 물건을 대상으로 하고 있다. 수집 방법은 각 지역별(동별), 요일별로 수집, 차량이 순회하여

다양한 참여 프로그램이 삶의 질을 높인다

수집하고 주민이 직접 가져오기도 한다. 물품의 수리는 토목, 전자, 기계 기능공 등 자격증을 가진 기술자가 맡아 수리하고 있으며, 수리한 물건은 어려운 이웃에게 싸게 팔기도 하고 사회 복지 시설에 기증하기도 한다. 개설된 이래 약 2년 동안 30만여 점이 수집되어 재활용되는 놀라운 실적을 보이고 있다. 물자 절약 그 자체도 중요하지만 이 제도를 통해 시민들의 검약 정신이 커지고 있으며, 자원 재활용이 환경 보호와 자원 보호를 위해 얼마나 소중한가를 몸소 알 수 있게 한다는 점이 더욱 중요하다.

94년 3월에는 같은 장소에 130여 평 규모의 건물을 하나 더 지어 상설 「재활용 알뜰장」으로 운영하고 있다. 의류가 주된 수집품으로 수많은 주부들이 즐겨 찾는 코너가 되고 있다. 「고쳐 쓰기 센터」는 새마을 지도자들이 자원 봉사로 운영하고 있고, 「재활용 알뜰장」은 새마을 부녀회에서 맡아 운영하고 있다. 산더미처럼 쌓인 헌옷가지를 분류하고, 세탁, 수선하는 일은 그리

▲94년 3월에 오픈한 「재활용 알뜰장」. "어, 괜찮은데, 나한테 어울리겠죠?"

쉬운 일이 아니다. 구슬 같은 땀을 흘리며 즐겁게 봉사하는 이들을 보며, 성공할 수 있다는 확신을 갖게 되었다.

전국에서 이곳에 견학을 왔고 외국에서도 많은 사람들이 다녀갔다. 이제는 여러 다른 자치단체에서도 이와 유사한 일을 하고 있다.

아껴 쓰고 고쳐 쓰고, 재활용하는 것이 일상 생활화되도록 계속 보완, 강화해 나가고 있다. 해외의 어렵거나 필요한 곳에도 고쳐진 물건을 보내고 있다.

내가 94년 여름 브라질 상파울루에 갔을 때, 그곳 한국인 부녀회에서 합동 결혼식에 필요하니 중고 면사포 100벌을 구해 달라고 부탁받은 일이 있었다. 귀국하자마자 관내 각 결혼 예식장에 알아 보니 필요 없는 옷들이 많이 있었다. 그중 면사포 140벌을 수집하여 이곳에서 세탁, 수리하여 새것과 거의 구별할 수 없을 만큼 훌륭한 면사포로 만들어 보내 준 일이 있다.

브라질 사회에 결혼 예식을 올리지 못하고 사는 동거 부부들이 많다고 하는데, 국내에서 합동 결혼식을 주선해 봉사한 경험이 있는 부인네들이 외국에 가서 그와 같은 봉사를 하고 있다. 정성껏 다듬어진 면사포를 쓰고 합동 결혼식을 올리는 브라질 사람들을 생각만 해도 흐뭇하다.

다양한 참여 프로그램이 삶의 질을 높이다

청소년 스키 캠프

오늘날 사회 복지의 대상은 비단 경제적으로 어려운 사람들에게만 한정되지는 않는다. 건전한 청소년 육성 프로그램은 국가건 지방이건 가장 중요한 사업의 하나이다.

구청에서 청소년들에게 예절 교육과 향토사 강의를 할 테니 듣고 싶은 사람은 구민 회관으로 모이라고 한다면, 과연 몇 명이나 모일까. 구청에서 겨울 방학 때 청소년들에게 스키 강습을 하겠으니 스키장에 갈 사람 모이라고 하면 몇 명이나 모일까. 아마 구름처럼 몰려오겠지.

아니나 다를까 지난 겨울 방학, 2박 3일 일정으로 스키 강습 공고를 냈더니 삽시간에 정원 200명을 채우고 말았다. 이들을 데리고 지도 강사 25명과 함께 경기도 포천에 있는 베어스 타운에 스키 캠프를 열었다. 주로 중학생과 초등학생으로 구성된 이들 한 사람의 강습 비용은 16만원이나 들었다. 4만원은 회비로 징수하였으니 시민들이 낸 세금으로 12만원씩 충당한 셈이다. 4만원을 받은 것은 공짜의 개념을 없애기 위해서다. 그것은 세계적인 추세이기도 하다.

당장 등록금이 없어 학교를 그만두어야 하거나 생업을 돕기 위해 학업을 중단하는 학생들을 생각하면, 이 무슨 사치스런 행사냐고 비난을 할 수도 있는 일이다. 그러나 오늘날 사회 복지의 대상은 비단 경제적으로 어려운 사람들에게만 한정되지는 않는다. 건전한 청소년 육성 프로그램은 국가건 지방이건 가장 중요한 사업의 하나이다.

처음 이들이 구청 대강당에 모여 출정식을 할 때 자유 분방하고 매우 소란스러웠다. 신나는 스키 캠프를 떠나는데 너무도 당연한 일이다. 2박 3일 동안 낮에는 스키를 타고 저녁에는 예절 교육을 중심으로 한 인성 교육을 실시하였다. 큰절 하는 법, 친구와의 관계, 송파구 향토사, 송파구 현황, 풍물 등 쉬운 방법으로 교육을 실시하되 너무 지루하지 않게 할 것을 지도자들에게 부탁했다. 그리고 식사 전에는 간단하게 테이블 매너에 대한 교육을 했다.

청소년들에게 주입식 교육은 따분하고 효과도 별로 없다. 더구나 낮에 스키 타느라고 피곤한 터에 저녁에 지루하게 늘어놓는 지도자들 얘기가 귀에 잘 들어갈 리가 없다. 그래서 추적 놀이, 또래 모임, 전래 놀이마당, 불놀이 등 다양한 프로그램을 함께 실시하여 지루한 느낌을 갖지 않도록 유의하였다.

마지막 날 참가자들에게서 서약서를 받았다. 그것은 첫째, 집에 돌아가면 부모님께 큰절을 하겠다. 둘째, 앞으로 집에서 나갈 때와 들어올 때 "다녀오겠습니다.", "잘 다녀왔습니다." 하고 인사하겠다. 셋째, 내가 자고 난 이불은 내가 개겠다. 넷째, 남을

다양한 참여 프로그램이 삶의 질을 높인다

욕하거나 비난하지 않겠다. 다섯째, 어른을 공경하겠다.

바로 이것 때문에 많은 예산을 써 가면서 스키 프로그램을 한 것이었다. 다만 서약서를 제출하고 않고는 전적으로 본인의 자유다. 강제로 내도록 해 봤자 무슨 효과가 있겠는가. 구청장이 그런 서약서를 강제로 받을 권한도 없다. 총 202명 중 181명이 스스로 서약서를 제출했다. 제출하지 않은 학생에 대해서는 그 이유를 묻는 일도 일체 하지 않았다.

스키 캠프를 끝내고 돌아와 해단식을 하기 위해 구청 대강당에 모인 이들 청소년들의 모습은 떠날 때와는 다른 모습이었다. 좀더 어른스럽게 보였다. 물론 행사를 떠날 때의 기대와 가슴설레임 같은 것이 없어졌으므로 그럴 수밖에 없겠지만, 그것이 교육의 효과가 조금이라도 있어서 그렇겠지 하고 생각하고 싶었다.

꼭 한 달 후에 서약서를 제출한 학생들에게 전화로 확인하도록 했다. 서약서 내용대로 하고 있는지 아닌지를 확인하고 왜 안 하느냐, 그대로 해라 하는 말은 일체 하지 말도록 했다. 왜냐하면 그것은 본인이 판단할 문제이기 때문이다. 그 결과 6명을 제외한 모든 학생들이 부모님께 인사를 한 것으로 나타났고, 1개월 후에도 계속 약속대로 실천하고 있는 학생이 70.3%였다. 이러한 확인을 6개월, 1년 후에 다시 해 보면 어떻게 변할까. 계속 확인할 생각이다.

스키 캠프를 통해 청소년들에게 다양한 프로그램을 제공하고 단체 생활을 통해 협동 정신, 단결력, 발표력을 향상시킬 수 있는 기회를 갖게 한 것은 좋은 일이었다. 특히 다양한 인간 관계를 경험하게 한 것은 이들이 사회 생활을 해 나가는 데 도움이 될 것이다. 큰절하는 법을 배우고, 지역에 대한 기초적인 지식

그리고 향토사를 들었던 체험은 이들의 인성 교육에 중요한 부분이 될 것이다.

앞으로 매년 이와 같은 청소년 프로그램을 실시할 계획이다. 10년쯤 지난 후 우리 송파구의 청소년들의 모습은 어떻게 변할까. 가슴이 따뜻해 온다.

청소년 권투장

당초 불량 청소년을 선도할 목적으로 구상했던 청소년 권투장은 이제 모범 학생들의 체력장이 되었으며, 장래 올림픽 금메달이나 프로 복싱 세계 챔피언을 꿈꾸는 청소년들의 야심에 찬 도장이 되었다. 샌드백을 두드리는 의지가 곧 진실한 삶의 의지로 피어오르고 있다.

서울 올림픽을 치른 해 크리스마스 이브.

직능 단체 임원, 청소년 선도 위원들과 함께 가두 캠페인을 다닌 일이 있다. 연말 연시가 되면 으레 실시하는 행사다. 모자 쓰고 어깨띠 두르고, 거리를 방황하지 말고 집에 일찍 들어가 잠이나 자라는 내용의 홍보 전단을 들고 어른들이 무리를 지어 거리에 나선다. 그런다고 집에 일찍 들어갈 청소년도 있을 리 없고 또 캠페인 하는 사람도 기대하지 않는다. 그냥 당국에서 하라니까 하는 것이고 그래서 예산은 길에서 날아가 버린다. 다만 남는 것이 있다면 추운 날씨에 청소년 선도하느라고 애쓴 사람들끼리 서로 위로하고 친목을 도모하는 정도이다.

우리 일행이 거여동에 갔을 때 파출소장이 관내 현황을 설명하기를, 특히 그곳 지역 일대에는 불량 청소년들이 많은데 그중 60-70명은 범죄 행위를 반복해 골치 아프다는 것이다. 훔치고, 싸우고, 술 마시고……. 그는 청소년들의 범죄 현장 사진을 보여 준다. 그 당시만 해도 거여·마천동은 도심에서 철거되어 온 빈민들이 많이 모여 살고 있었으며, 주거 환경이 비참할 정도로 열악했다. 변소가 없어 아침마다 공동 변소 앞에 줄을 서야 하는 것은 물론, 수돗물도 안 나오고 하수도도 별도로 없는 철거민촌이었다.

파출소장의 설명을 듣고 나오면서 곰곰이 생각했다. 어깨띠나 두르고 이렇게 판에 박은 행사로 계속 나가면 청소년은 누가 어떻게 구할 것인가. 뭔가 좀 실정에 맞고 그럴 듯한 효과적인 방법이 없을까. 지역과 대상에 맞는 현실적인 방법이 만들어져야 하지 않을까.

마침내 그곳에 권투장을 하나 짓기로 결심하였다. 싸움을 일삼는 청소년들에게 아예 싸우는 연습을 할 수 있는 판을 벌여 주자는 것이다. 모든 행위는 좋은 방향으로 쓰면 선행이고 나쁜 방향으로 쓰면 악행이다. 권투 도장을 지어 지도자의 철저한 지도하에 때리는 연습을 열심히 하면 선량한 권투 선수가 될 수 있다. 설령 선수가 되지 못하더라도 도장에 모여 예절 교육을 받고 단체 지도를 받으면 사람이 달라질 수 있다. 다음해 예산에 반영키로 하고 권투 도장 건립을 추진하였다. 마침 새로 짓게 될 종합 복지관이 있어 지하에 권투 연습장을 50여 평 넣기로 했다. 그러다가 송파 구청장직을 떠나게 되었고 이 프로그램은 흐지부지 되고 말았다.

그후 다시 송파 구청장으로 부임하여 대지 200평에 건물 100

▲ 서울 곰두리 체육 센터

▼ 청소년 권투장은 이제 프로 복싱 세계 챔피언을 꿈꾸는 꿈의 장소가 되었다

살림 잘하는 남자

여 평을 지었다. 마침 예전부터 권투 지도에 특별한 관심을 갖고
소질 있는 선수들을 모아 지도한 경험이 있는 김재천 씨를 관장
으로 임명하고, 94년 9월부터 본격적인 청소년 권투 지도에 들

어갔다. 인근에 살고 있는 주부들이 동네에 체육관이 들어서면 불량 청소년들이 모여들어 자녀 교육에 지장이 있다고 반대하기도 하였으나 잘 설득하였다. 이곳에 등록을 하면 먼저 예절부터 가르친다. 그리고 경로 효친 교육과 사회 봉사 훈련도 가르친다. 등록비는 무료이며 모든 운동 기구, 유니폼 등이 지급된다. 이곳에 등록하여 훈련받고 있는 청소년들은 모두가 착실하고 부지런하며 모범생이다.

권투장이 위치한 곳은 후미진 곳으로 청소년들의 우범 지역이었으나, 이제는 주위 환경이 매우 밝아졌고 비행 청소년도 대폭 줄어들고 있다. 처음에 경계의 눈초리를 보이던 인근 주민들도 이제는 공부만 열심히 하는 아이를 데리고 와 샌드백을 치게 하고 용맹성을 키워 준다.

현재 이곳에는 400명이 등록되어 있고 매일 저녁 100여 명이 수련을 한다. 금년에는 전국 아마추어 선수권 대회에 나가서 2개 체급 우승, 4개 체급 준우승이라는 우수한 성적을 거두기도 했다. 합숙 시설을 마련하여 우수 선수에 대해서는 맹훈련을 시켜 대성시켜 볼 욕심도 생긴다.

나는 이들 선수에게 "너희들은 운동만 열심히 해라. 이 다음에 취직은 구청에서 시켜 주마."고 약속했다. 선수 양성이 목적은 아니었으나, 장래성 있는 선수는 집중 지도하여 우수한 선수로 키우는 것도 좋은 일이다.

앞으로 우수 선수는 마음놓고 운동에 전념케 하기 위해, 관내 기관, 단체, 교회, 학교, 아파트 단지 등과 지원 결연을 맺어 경제적인 도움은 물론, 뜻 있는 주민들로 하여금 애정을 쏟게 할 계획이다.

다양한 참여 프로그램이 삶의 질을 높이다

당초 불량 청소년을 선도할 목적으로 구상했던 청소년 권투장
은 이제 모범 학생들의 체력장이 되었으며, 장래 올림픽 금메달
이나 프로 복싱 세계 챔피언을 꿈꾸는 청소년들의 야심에 찬 장
소가 되었다. 샌드백을 두드리는 의지가 곧 진실한 삶의 의지로
피어오르고 있다.

학교 순찰단

학생이 학교를 마음놓고 다니지 못한대서야
그 나라, 그 사회가 어떻게 제대로 되겠는가.
이제는 보다 적극적으로 국민적 노력을 기울
이지 않으면 안 된다.

학교 수업이 끝날 때쯤 되는 오후면 학교 주변 골목
길이나 공원, 공터에서 완장을 차고 모자를 쓴 학교
순찰 단원들이 활동하는 모습을 볼 수 있다. 동사무
소 행정 차량에 「학교 순찰단」이라고 쓴 플래카드
를 걸고 동장도 관내를 순찰한다.

  흔히 불량 청소년은 교육청에서 담당하고 이들에 의한 범죄
예방 활동은 경찰이 해야 한다고 생각하기 쉽다. 경찰이 학교마
다 배치되어 예방 활동을 한다고 하지만, 제한된 인력으로 여기
에만 매달리기는 거의 불가능한 일이다. 사회가 모두 나서서 학
원 폭력으로부터 청소년들을 보호하고 불량 청소년들에 의한 범
죄와 폭력을 근절해야 한다.

  학생이 학교를 마음놓고 다니지 못한대서야 그 나라, 그 사회

다양한 참여 프로그램이 삶의 질을 높인다

가 어떻게 제대로 되겠는가. 그런 교육 환경 속에서 어떻게 훌륭한 나라 일꾼을 키워낼 수 있겠는가. 그렇지 않아도 입시 위주의 주입식 교육이 빚은 경쟁 의식과 심리적 부담, 갈등이 청소년들의 정서를 메마르고 거칠게 하고, 이기주의적인 행동으로 내몰고 있는 터에 이제는 보다 적극적으로 국민적 노력을 기울이지 않으면 안 된다. 이러한 일에 업무 소관을 놓고 네것 내것 따질 일도 아니다.

95년 말부터 계획을 구체화하여 학교별 육성회, 녹색 어머니회, 파출소의 선도 위원회, 동별 청소년 지도 위원과 아동 위원 중 희망자 1,500여 명으로 「학교 순찰단」을 구성하였다.

이들은 학교별 순찰조를 편성하여 시간대별로 교대로 학교 근처 취약 지역을 순찰한다. 각 동의 행정 차량도 이 시간에는 일제히 순찰 차량으로 그 기능이 바뀌고, 동장을 비롯한 동직원들이 교대로 순찰 업무에 들어간다. 학교 하교 시간에 맞춰 학교

▲송파구에서는 하교 길의 학교 주변, 공원, 골목길에서 모자를 쓰고 완장을 찬 순찰단을 볼 수 있다. 학내 폭력 근절 「학교 순찰단」 발대식 모습

주변과 우범 지역을 순찰하는 것은 물론, 비디오방이나 만화 가게 등 청소년 유해 우려 업소에 대해서도 순찰한다.

금년 초에 시작하여 약 5개월간 700명 이상의 학생을 선도하고, 410여 개 업소를 계도하였으며 500여 회 이상 순찰을 실시하는 눈부신 실적을 올렸다. 모든 것이 그렇지만 이 사업은 일시적인 캠페인으로 끝나서는 그 성과를 거둘 수 없다. 학교 순찰을 계속해서 실시함은 물론 더욱 강화해 나가고 있다.

자원 봉사하고 있는 순찰 단원들도 자신들이 자녀들의 안전과 면학 분위기를 조성하고 있다는 자부심을 느끼고 있으며, 학부모들로부터 감사의 인사를 받고 더욱 보람을 갖게 된다고 한다.

어른들에 의해 악화되고 있는 청소년 교육 환경, 폭력이 보편화, 생활화되어 가고 있는 학교 사회, 이제 어른들이 앞장서 우리들의 자녀가 더 이상 불안과 공포에 떨며 학교 생활을 하지 않도록 나서야 한다.

다양한 참여 프로그램이 삶의 질을 높이다

태아 교실

우리 나라에서 체계적인 태아 교육 또는 임산부 교육을 실시하는 예는 드물다. 물론 기초적인 강좌 위주의 태아 교실은 다양한 형태로 운영되고 있긴 하지만 대체로 상식 정도에 그친다.

 복지 대상의 범위는 어디에서부터 어디까지일까. 말할 것도 없이 태아에서부터 죽은 후 땅 속에 들어가기까지의 사람을 대상으로 한다. 그러니까 생명체인 태아는 물론이고 죽어서 이 세상에 며칠간 존재하는 기간도 포함된다.

나는 여자는 아니지만 아기, 그것도 특히 첫아기를 가진 임산부의 마음을 이해할 수 있을 것 같다. 생명을 잉태해 세상에 내놓는 일이야말로 얼마나 위대한 일인가. 그러니만큼 불안하고 걱정되기 마련이다. 임산부들이 함께 모이면 정보도 교환하고 유익한 얘기를 듣고 서로 위로가 된다. 단체로 저명 강사를 초빙하여 계획된 일정에 따라 움직이면 그 효과가 클 것이다.

1994년 7월 우선 3일간의 일정으로 태아 교실을 열었다. 200명의 임산부들이 모여 태아 관리, 산모 건강, 영양, 태아 음악, 임산부 체조, 산책 등 일련의 과정을 이수하게 하였다. 이 과정은 특히 첫 아이를 가진 임산부들에게 크게 유익하였다. 태아 교실은 매년 실시되며 교육 내용과 교육 기자재도 최신의 것으로 보강해 가고 있다.

우리 나라에서 체계적인 태아 교육 또는 임산부 교육을 실시하는 예는 드물다. 물론 기초적인 강좌 위주의 태아 교실은 다양한 형태로 운영되고 있긴 하지만 대체로 상식 정도에 그친다.

주한 미군을 포함한 미국 사람들을 대상으로 하는 태아 교실은 미군 121병원에서 비정기적으로 실시하고 있다. 이곳에서 하고 있는 교육 프로그램을 알아 보고 국내 관련 자료와 특히 이 분야의 전문가들을 만나 상의하여 송파 문화원에 강좌를 개설하였다.

과학 기자재 부족 등으로 만족스런 내용은 되지 못했지만, 아기를 가진 어머니 후보들에게 매우 유익한 교육이 되었다고들 얘기한다. 강의와 음악을 듣고 간식 먹은 후 배가 부른 젊은 임산부들이 줄을 서서 아시아 선수촌 공원을 산책하고 있는 모습을 상상해 보라. 얼마나 아름다운 모습인가. 생명을 만드는 인간의 모습보다 더 아름다운 모습이 있을까. 자치 행정은 구석구석에서 보람이 솟는다.

우리 지역 사회에서 보다 건강하고 슬기로운 아기들이 탄생했으면 좋겠다.

다양한 참여 프로그램이 삶의 질을 높이다

유아 마라톤 대회

일반적으로 신체적으로나 정신적으로 나약한
게 요즈음 도시 어린이들의 실정이다. 뛰는
일에 단체로 참여하는 것 그 자체가 아이들에
게 호기심과 용기를 주는 일이다.

금년 어린이날을 이틀 앞둔 5월 3일, 올림픽 공원
평화의 문 앞 광장에는 5살에서 7살까지의 꼬마들
1,600명이 모여 마라톤 대회를 가졌다.

올림픽 공원 호수 주변 1km를 달리는 미니 마라톤
이다. 〈유아 마라톤〉이라는 이름부터가 생소하다. 우리가 보통
마라톤 하면 청소년 마라톤이나, 장년 마라톤 그리고 간혹 노년
마라톤이라는 얘기는 들어 본다. 그러나 어린이들이라고 해서
마라톤을 못할 이유가 없다. 코스를 잘 고르고 구간을 조정하고
지도하는 사람들이 요소요소에 배치되어 조금만 더 배려하면 충
분히 가능한 일이다. 다만 〈유아〉라고 하면 젖먹이를 의미하는데
젖먹이야 뛰기는커녕 걷기도 힘들므로, 그보다 좀 큰 아이들로
서 관내 각 유아원에 다니는 아이들로 하여금 함께 뛰도록 했다.

▲5세~7세의 꼬마 1,600명이 참가한 「유아 마라톤 대회」. 푸른 5월만큼이나 아이들의 얼굴이 싱그럽다

　일반적으로 신체적으로나 정신적으로 나약한 게 요즈음 도시 어린이들의 실정이다. 뛰는 일에 단체로 참여하는 것 그 자체가 아이들에게 호기심과 용기를 주는 일이다.

　넘어져 팔꿈치가 벗겨져도 엉엉 울면서 그래도 뒤지지 않으려고 뛰는 모습은 상상만 해도 대견스럽지 않은가. 그룹별로 구에서 마련해 준 빨강, 노랑, 파랑색의 티셔츠를 입고 싱그러운 초여름 철쭉꽃 만발한 호숫가를 달리는 모습이야말로 이 얼마나 아름다운가.

　이날 거의 전원이 코스를 완주했다. 비록 업혀 들어오기도 했지만. 특히 아이들 중에 특별상을 받은 선수는 장애아였다. 뇌성마비로 불편을 무릅쓰고 끝까지 뛰었다. 더욱이 장한 것은 넘어질 것 같아 부축하려고 하면 한사코 뿌리치며 혼자 힘으로 뛰었다. 6살짜리 장애아의 뛰는 모습을 보며 모두가 숙연해졌다. 또 팔꿈치에서 피가 나도 참으면서 끝까지 뛴 한 꼬마에게 사회자

다양한 참여 프로그램이 삶의 질을 높이다

가 물었다. "뛰면서 무슨 생각을 했지?", "황영조요!" 서슴없이
나오는 그의 대답에서 우리 나라에서 제2, 제3의 황영조가 계속
나올 것이라는 확신이 든다.

그날 저녁 텔레비전에서는 이 귀염둥이들의 장한 행사 장면이
방영되었고 다음날 각 신문에 예쁜 사진들이 실렸다. 언론의 칭
찬이 자랑스러운 것이 아니라, (실은 그것도 자랑스럽지만) 어린이
들에게 용기를 주고 작은 추억을 만들어 주었다는 것이 매우 보
람 있고 가슴 뿌듯하다. 그런 깜찍한 아이디어를 낸 가정 복지과
박 과장이 또 예쁘다.

어린이 발레 교실

예술이 개인적으로 천부적인 면을 요구하지 않는 것은 아니지만 노력하면 충분히 가능하다. 어렸을 적부터 소질 있는 아이들을 발굴하고 키우면 언젠가 그 이상의 수준으로 도약할 수 있다. 문제는 시작을 하느냐 마느냐에 있다.

발레하면 얼른 떠오르는 것이 러시아의 볼쇼이 발레단의 환상적인 율동이다. 우리에게는 너무 멀다고 느껴지기도 하고, 어떻게 저렇게 잘할까 남의 일로만 여기게 된다.

우리는 언제까지 남의 나라 발레를 보며 감탄 만하고 있을 것인가. 예술이 개인적으로 천부적인 면을 요구하지 않는 것은 아니지만 노력하면 충분히 가능하다. 어렸을 적부터 소질 있는 아이들을 발굴하고 키우면 언젠가 그 이상의 수준으로 도약 할 수 있다. 문제는 시작을 하느냐 마느냐에 있다.

95년초 10세 전후의 소녀들로 구성된 「어린이 발레 교실」을 만들었다. 송파구 관내 어린이 중 발레에 소질이 있거나 개인 교습을 받고 있는 40명으로 우선 출발하였다. 전문가에 의하면 그

▲ 리본 체조를 하고 있는 깜찍한 어린이들

들 중에는 앞으로 대성할 수 있는 어린이도 상당수 있다고 한다.

구에서 할 일도 많은데 발레까지 한다는 것이 좀 지나친 것이 아니냐고 말할 수도 있지만, 구에서 최소의 비용으로 운영하는 방안을 강구하는 것은 예술 진흥을 위한 하나의 적극적인 행정이다. 이제 구청에서 이러한 분야까지 세밀하게 신경을 써야할 만큼 행정의 폭이 넓어졌다.

지난 연말 구민 회관에서 발표회를 가졌다. 어린이들의 귀여운 율동에 모두가 찬사를 보냈고, 실수하는 경우 우뢰와 같은 박수로 격려를 하는 수준 높은 관중들이 믿음직하고 자랑스러웠다. 이들은 관내 문화 행사에 출연하며 정기 발표회도 가질 계획이다. 구민 회관에서 땀 흘려 연습하는 어린이들을 보며 앞으로 10년쯤 지난 후 세계적인 발레리나로 성장하여 대형 무대에 서 있는 모습을 그려본다.

21세기에는 문화가 모든 것을 주도하며 그것이 삶의 수준을 가늠하는 기준이 될 것이다.

지역 문화를 높이고 활성화하는 것은 곧 문화 국가로 발돋음하는 지름길이다.

주말 농장

조그만 텃밭을 마련하여 주말에 이들에게 자연을 가져다 준다면 얼마나 좋을까. 농사 체험 기회와 도심 속에서 고향의 멋과 자연의 정취를 느낄 수 있다면 이 얼마나 행복한 일인가.

 고향을 잃어가는 사람들. 도시 생활에 찌들어 가슴한 번 활짝 펴 보지 못하고 콘크리트 속에 갇힌 채살아가는 우리들. 조그만 텃밭을 마련하여 주말에이들에게 자연을 가져다 준다면 얼마나 좋을까.

우리 구가 관리하고 있는 공공 용지 중 올림픽 선수 기자촌 아파트 단지 뒤 개발 제한 구역내 농경지는, 성내천 재정비 사업이끝나면서 생긴 폐천 부지다. 위례성 길에 접해 있어 접근하기가쉽고 토질이 양호하여 활용도가 높은 땅이다. 그 동안 인근 주민들이 채소류 등을 경작해 오고 있는 땅이다.

현재 성내천 재정비 사업으로 발생한 폐천 부지가 약 8천 평인데, 이를 지역 주민에게 5-10평 단위의 텃밭(화훼류, 채소, 과일, 묘목 식재 등)으로 임대하여 주말 농장을 운영하게 하였다. 주민에게 흙을 가깝게 느낄 수 있는 농사 체험 기회와 도심 속에서 고향의 멋과 자연의 정취를 느끼게 하는 등, 주민 정서 함양은 물론 공유 재산의 생산적 활용으로 구 수입도 연간 약 6000만 원 정도 올릴 수 있다. 물론 이 경우 수입은 부차적인 것이긴 하지만.

송파 구민 중 주말 농장을 이용할 사람을 공모하되 가급적이면 농장 근처에 거주하고, 어린이 교육용으로의 활용을 위해 자녀가 많은 가구에게 우선권을 준다. 계약은 연간 체결하며, 비료도 화학 비료나 인분 등 악취를 내거나 환경을 해치는 것은 금한다. 농약 살포도 안 되며 사과나무나 배나무 같은 키가 큰 유실수도 심을 수 없다. 영농 교실을 두어 전문가들로 하여금 채소류 가꾸는 방법을 가르쳐 주고 씨앗류도 염가로 제공한다.

96년에는 이미 전부터 영농을 해온 주민들에게 시험 운영한 후 수확하게 하고, 97년부터 본격적으로 운영할 계획으로 추진 중이다. 앞으로 가구별 주말 농장뿐만 아니라 사회 복지 시설 특히 장애자 시설에 일정 면적의 토지를 할애하여, 유휴 노동력을 활용해 채소류를 경작하게 함으로써 노동의 가치를 알게 하고 건강도 지키며, 시설 운영에도 도움이 되도록 할 계획이다.

땅만 어느 정도 허락하면 사회 복지 시설 전용 영농 단지를 만들어, 시설 수용자들의 작업 치료 겸 재활을 돕고 시설 운영에 활력을 불어넣을 수 있을 것이다.

주부 자동차 교실

현장 실습에 열중하고 있는 주부들을 바라보면 건전해 보이고 믿음직스러운 생각이 든다. 더구나 자동차에 대한 알뜰한 마음과 애정을 갖게 되며, 이러한 마음가짐은 가정 생활에도 파급되어 절약하는 생활 태도와 과학적인 사고 방식을 갖게 된다.

금년 2월부터 교통 안전 관리 공단의 협조를 얻어 주부들을 대상으로 한 「주부 자동차 관리 교실」을 개설하였다.

1기에 100명씩 모집하여 강좌를 실시하는데 예상보다 훨씬 많은 사람들이 몰려 놀라운 호응도를 보였다. 지금까지 자동차 정비나 관리는 으레 남자들이 하는 것이고 여성들은 그저 운전만 할 줄 알면 되는 것이 일반적인 생각이었다. 여성들이 특별히 자동차 정비를 배울 만한 기회도 없었고 또 그런 여건도 아니었다. 막상 자동차 관리 교실을 열고 보니 주부들의 자동차에 대한 애정과 열기가 높음을 실감할 수 있었다.

강의 내용은 도로 교통법, 교통 사고 처리 특례법 등 자동차 관련 법규와 자동차의 구조, 기능 및 점검 방법, 고장시 응급 처치 요령, 교통 사고시 처리 요령 등 운전자가 꼭 알아야 할 자동차 관련 각종 지식과 관리 요령이다.

자동차가 이미 우리들의 생활 필수품이 된 지 오래이고, 주부 운전자들의 증가로 자동차에 대한 기본적인 지식과 응급 처치 요령은 반드시 필요한 상식이 되었다. 일상 점검과 간단한 정비는 주부들도 할 수 있어야 한다. 러시아 같은 나라를 여행하다 보면 자동차가 고장났을 경우 거의 운전자 스스로 고치는 것을 거리에서 종종 볼 수 있다. 우리의 경우 운전자는 운전만 하고 정비는 정비업소에서 하는 것이 보통인데 일상적인 관리 요령을 알아 두면 그 만큼 편리하고 경제적이다. 이러한 일을 주부들이 알아 두면 더욱 유용하다.

현장 실습에 열중하고 있는 주부들을 바라보면 건전해 보이고 믿음직스러운 생각이 든다. 더구나 자동차에 대한 알뜰한 마음과 애정을 갖게 되며, 이러한 마음가짐은 가정 생활에도 파급되

▲ 주부들이 자동차에 대한 기본 지식과 관리 요령을 배우고 있다

어 절약하는 생활 태도와 과학적인 사고 방식을 갖게 된다.

자동차에 대해 알고 특히 고장 났을 경우 조치 요령이라든가 일상적인 유지 관리 방법을 알면, 자동차를 하나의 유기적인 생명체처럼 느끼게 된다는 점이다. 정비업소에 전적으로 맡겨 놓는 것보다 스스로 참여하여 선택하고 지켜볼 수 있다는 것은, 그만큼 올바른 서비스를 확보한다는 측면에서도 바람직한 일이다.

과정을 수료한 한 주부는 관리 요령을 배우니까 운전하기도 훨씬 쉽고 마치 살아 있는 생명을 다루는 것 같아 애착이 더 간다며, 구청에서 이처럼 여가 프로그램까지 설치해 주부들에게 가르쳐 주는 것이 신기하기까지 하다고 털어놓는다.

정보 시대에는 가정 주부도 자동차에 대한 기초적인 지식을 갖추면 생활이 매우 편리하고 사는 것 자체가 즐겁고 흥미롭게 된다. 주부 자동차 교실이 주민들 가정에 작은 변화를 일으키고 있다.

탁노소

노인들이 탁노소를 거쳐 가면 전과는 다른 사고 방식, 생활 태도, 몸가짐을 보이는 경우가 많다. 가족간에 이해의 폭이 넓어지고 생활에 활력을 얻고, 여생을 보람 있게 보내고자 생각을 전환하고 노력하게 된다.

탁아소는 많은데 탁노소는 없다.

아이들은 금이야 옥이야 하고 애지중지하는데 노인들은 거추장스럽고 대수롭지 않게 생각한다. 예전의 우리 나라는 이렇지 않았다. 요즈음 경로 사상은 커녕 〈노인 학대 사상〉이 일반화되어 가는 경향마저 보인다. 학대까지는 아닐지라도 노인에 대해 무관심한 것은 사실이고 이러한 현상은 점점 더 심해지고 있다. 현실적으로 젊은 주부들이 노인 때문에 할 일도 못하고 집에 매여 있을 수만도 없다. 그렇다고 노인을 돌봐 줄 사람을 구해 봉급을 주고 시중들게 하기도 힘들다. 그러니 노인은 외톨이가 되고 점심을 거르는 노인들도 많아진다.

젊은이들의 책임만으로 돌릴 수도 없는 우리의 사회 환경이다. 더구나 고혈압이나 관절염, 치매 증세가 있는 노인, 거동이 불편하고 노인성 질환으로 고통받는 노인이 갈수록 증가하고 있어 크나큰 사회 문제가 되고 있다.

이제 우리 사회도 탁노소가 필요하게 되었다. 노인을 시설에 맡겨 매일 낮 시간 동안 돌봐 드리거나 일정 기간 단위로 밤낮으로 돌봐 드릴 수 있을 것이다. 예컨대 부부가 해외 여행을 하거나 집안에 특별한 사정이 있어 1주일이고 2주일이고 노인을 시설에 의탁하는 경우가 있을 수 있다.

원래 노인은 자식이 모시는 게 우리의 관습이며 자식된 도리이다. 그렇지만 현대 사회에서 꼭 그 방식만을 고집할 수는 없다. 게다가 노인 시설에서는 거동이 불편한 노인에 대해 기능 회복 훈련을 실시하거나 물리 치료 등 의료적, 심리적 서비스를 제공하며, 건강한 노인에 대해서는 여가 활동 서비스를 하여 노인 스스로도 편하고 즐겁게 지낼 수 있다.

탁노소는 송파 노인 복지 회관내에 설치하게 되며 올 10월에 문을 열게 된다. 삼전동에 위치한 이곳에서는 하루 약 100명을 위탁, 보호하게 되며, 노인들에게 최상의 서비스를 제공하기 위하여 물리 치료사, 임상 심리 학자, 작업 요법사, 사회 복지사, 레크리에이션 강사 등 전문 인력이 활동한다. 한방을 포함한 의료 서비스 외에 문화적 생활을 위한 취미 교실, 건강 체조, 요가, 노래 등 다양한 프로그램으로 봉사한다.

노인들이 탁노소를 거쳐 가면 전과는 다른 사고 방식, 생활 태도, 몸가짐을 보이는 경우가 많다. 가족간에 이해의 폭이 넓어지고 생활에 활력을 얻고, 여생을 보람 있게 보내고자 생각을 전환하고 노력하게 된다.

탁노소가 단순히 노인을 시설에 맡겨 젊은이를 보호한다는 기능쯤으로 여기면 곤란하다. 우리 나라에서 처음 실시하는 이 프로그램에 심혈을 기울일 생각이다. 탁아소에서 아이들에게 정성을 다하는 것 이상으로 말이다.

실버 악단

노인도 얼마든지 자신이나 사회를 위해 할 일
이 있다. 또 해야 한다. 그리고 그들의 재능을
살려 일을 할 수 있게 하는 것은 생산성 이전
에 사회나 국가의 도리이고 의무이다.

젊었을 때 악기를 다루며 음악과 지내다 60세가 넘
어 은퇴한 사람이 전국에 약 2만여 명쯤 된다고 한
다. 방송국에 소속되어 활동했던 유명한 분도 있고
밤무대에서 악사로 일한 분들도 많다.

94년 봄, 그 분들 중에서 능력 있는 분 12명을 선발하여 「송파
구 실버 악단」을 만들었다. 악단을 만들고 보니 모두가 유명한
분들이라 서로 알 만한 사이들이었다. 이들은 형제처럼 뭉쳐 구
청내에 마련된 연습실에서 왕년의 실력을 다시 살려 열심히 연
습하고 있다.

단장을 맡고 있는 엄남익 씨는 지난날 모 방송국 악단장을 했
던 분이다. 항상 온화한 얼굴에 티없는 웃음, 나이보다 젊게 보
이는 그에게서 행복한 노인상을 느낄 수 있다.

▲ 야외에서 왕년의 실력을 유감 없이 발휘하고 있는 실버 악단

　단원들은 한결같이 악기를 다시 잡을 수 있게 된 것을 다행스럽고 고맙게 생각하고 있다. 평생을 손에 잡고 함께 살아온 악기를 놓아야 하는구나 하고 걱정할 무렵, 다시 구청의 악단 단원이 되었으니 기쁠 것이다. 세상에 자기가 하고 싶은 일을 계속하는 것처럼 좋은 일이 어디 있겠는가.

　이들은 구나 동 단위 체육 대회, 문화 행사, 경로 잔치 등에 출연하여 주민들을 즐겁게 해준다. 흔히 구청 행사에 여고 밴드나 군악대를 초청하는 경우가 많은데, 그보다 할아버지들이 연주하는 음악이 한결 친근하고 신이 난다. 이들은 지역 행사 외에 TV에 출연하거나 다른 지역의 각종 행사에 초청되어 연주하기도 한다.

　노인들에게 일할 기회를 주는 것은 매우 중요하다. 그들을 쓸모없는 존재라고 생각하기 쉬운데 그건 크게 잘못된 일이다. 악기를 다룰 줄 아는 노인들에게 여가를 보람 있게 보낼 수 있도록

다양한 참여 프로그램이 삶의 질을 높이다

한 것은 특수한 사례에 속하지만, 세상에는 이처럼 특수한 예에 속하는 노인들이 생각보다 훨씬 많다는 사실을 알아야 한다. 이들에게 약간의 지원만 하면 매우 유용한 효과를 얻을 수 있다.

내년에는 해외 자매 도시를 방문하여 그곳 교민들에게 우리 민요와 가락을 들려 줄 계획이다. 오랜 해외 생활로 조국을 그리워하며 우리의 것을 알고 느끼고 갖고 싶어하는 한국인들에게 추억의 가락을 들려 주는 것은 보람 있는 일이 될 것이다. 해외 공연을 위해 연습중인 실버 악단원들의 얼굴에 밝은 의지가 보인다.

노인도 얼마든지 자신이나 사회를 위해 할 일이 있다. 또 해야 한다. 그리고 그들의 재능을 살려 일을 할 수 있게 하는 것은 생산성 이전에 사회나 국가의 도리이고 의무이다.

실버 악단이 불어대는 신나는 음악에 지역이 밝아지고 노인에 대한 일반적 인식이 달라지고 있다.

실버 합창단

노인들 중에는 특별한 재능이나 기능을 가지고 있는 분들이 많다. 고학력 시대에 이러한 노인들은 앞으로 더욱 많이 배출될 것이다. 따라서 이들을 위한 다양한 프로그램이 마련되어야 한다.

60세 이상된 할머니들 60명으로 구성된 할머니 합창단을 93년 10월에 창단하였다.

우리 나라 노인 프로그램은 빈곤하기 짝이 없다. 수많은 노인들이 무료하게 공원 벤치에 앉아 있다가 점심 시간이 되면 무료 급식소에 몰린다. 사회적 대접을 받는다고 해 봐야 어버이 날 노인 잔치에 초대되어 카네이션 달고 노래 부르는 것 정도이다. 방송국의 노인 프로그램도 좀처럼 개발될 기미가 보이지 않고, 최소한의 노인 복지도 이룩하지 못하고 있는 것이 우리의 현실이다.

생활 수준이 높아지고 삶의 질을 논하는 시대에 그와 함께 고령화 사회가 도래하면서 노인 문제가 커다란 사회 문제로 대두되고 있다. 이제 보다 전문적인 노인 복지 프로그램을 적극적으로 개발, 보급해야 한다.

노인들 중에는 특별한 재능이나 기능을 가지고 있는 분들이 많다. 고학력 시대에 이러한 노인들은 앞으로 더욱 많이 배출될 것이다. 따라서 이들을 위한 다양한 프로그램이 마련되어야 한다. 실버 합창단은 그중의 한 예다.

대부분의 자치단체에서 어머니 합창단은 가지고 있으나 대체로 50세가 넘으면 물러나게 한다. 이것은 생각해 볼 문제이다. 어머니들로 이루어진 합창단이 단지 나이 들었다고 물러나게 한다면 〈어머니〉의 개념이 젊은 어머니만을 뜻하는 것인지.

노래에 소질 있는 할머니들이 모여 합창단을 구성하고 보니 우선 생기가 넘친다. 그리고 말이 할머니지 젊은 어머니들 못지 않게 젊고 멋지게 사는 분들이다. 중학교 학생들처럼 의자에 꼿꼿하게 앉아 열심히 노래 연습을 하고 있는 이들을 보면, 나 자신도 학창 시절로 돌아가는 기분이다. 합창 연습에 매우 열심이

▲세종문화회관에서 열린 서울시 합창 경연 대회에 찬조 출연한 모습

고 연습 자체를 매우 사랑한다. 노래 수준도 날이 갈수록 높아져 노래를 통한 사회 봉사 활동도 많아지고 있다.

구치소와 교도소를 방문하여 자식 사랑의 정성으로 노래로써 위문하고, 퇴근 길 시민들에게 〈퇴근 길을 즐겁게〉라는 이름으로 거리 공연을 하여 지나는 시민들의 발걸음을 가볍게 해주기도 한다. 세종문화회관에서 열리는 서울시 합창 경연 대회에 찬조 출연하기도 하고 TV프로그램에 나가기도 한다. 이제는 유명한 합창단이 되었고 자부심도 크다. 지난 6월에는 중국 북경에 초청되어 공연하기도 했다. 그러나 내가 자랑하고 싶은 것은 노래 수준이 아니다. 그들의 밝은 표정과 삶의 모습이다. 그들에게서 풍기는 품위와 멋 속에서 한국 어머니의 참모습을 찾고 싶다.

구청장으로 하여금 작은 행정 프로그램 하나가 이처럼 중요하구나 하는 생각을 새삼 느끼게 한다. 위문 공연에서 가수들이 노래하면 노래도 잘하고 더욱 흥겹겠지만, 어머니들이 노래하면 가슴 뜨거운 깊은 감동이 있다. 교도소에 가서도 가수들이 노래 부르면 신나게 춤을 추지만, 실버 합창단이 잔잔한 노래를 부를 때는 눈물을 흘리며 감격해 한다.

어머니들의 사랑이 어둡고 어려운 곳을 찾아 노래로 어루만질 때 우리 사회는 더욱 포근해질 것이다.

다양한 참여 프로그램이 삶의 질을 높이다

노인들에게 공원 관리를

어린이 공원내에 있거나 인근에 있는 노인정
에서 관리하기 때문에 관리가 쉽고, 종전에는
무관심하던 노인들이 새벽 일찍부터 공원 청
소를 하는 등 작은 변화가 일어나기 시작했
다. 어린이들도 할아버지 할머니들에게 감사
하는 마음을 갖게 되고 함께 청소하는 모습도
볼 수 있게 되었다.

노인들에게 일거리를 주어야 한다. 일을 해야 건강
도 유지하고 소득도 올릴 수 있으며, 무료함도 달랠
수 있다. 그러나 젊은이 위주의 사회에서 노인에게
돌아갈 일거리는 점점 줄어들어가고 있다.

노인 직종을 만들어 노인에게 알맞는 일은 노인들에게 주도록
권장하고 있으나, 이것 역시 말뿐이지 쉬운 일이 아니다. 요즘
같은 능률 위주의 사회에서 생산성이 떨어지는 노인들을 고용하
려는 회사는 많지 않다. 간혹 주유소 주유원이나 호텔 관리 분야
에 노인을 고용하는 경우가 있는데, 이는 어쩌다 있는 사례여서
뉴스감으로 보도되고 있을 정도이다.

그러나 노인에게 알맞는 일거리는 우리 주위에서 얼마든지
찾을 수 있다. 회사건 행정조직이건 이를 찾으려는 노력을 얼마

나 하느냐가 중요하다.

93년 7월부터 관내 69개 어린이 공원 관리를 노인정별로 위탁 관리하도록 하였다. 어린이 공원 관리라야 주로 공원수 관리와 청소하는 일이고, 보안등이나 놀이 시설이 고장날 경우 동사무소에 신고하는 것 등이다. 노인정별로 관리를 맡기고 관리 비용은 1개 노인정당 월 평균 30만원 내외로 지급된다. 이 예산은 개인이 아닌 노인정별로 지급되어 노인정 공동 운영비로 사용된다.

어린이 공원내에 있거나 인근에 있는 노인정에서 관리하기 때문에 관리가 쉽고, 종전에는 무관심하던 노인들이 새벽 일찍부터 공원 청소를 하는 등 작은 변화가 일어나기 시작했다. 어린이들도 할아버지 할머니들에게 감사하는 마음을 갖게 되고 함께 청소하는 모습도 볼 수 있게 되었다. 짓궂은 중·고등학교 학생들이 놀이 기구를 독점하는 것을 꾸짖는 일도 생기고 어린이 공원이 알뜰하게 운영될 수 있게 되었다.

작은 일이지만 노인들에게 소일거리를 준다는 것은 그들에게는 매우 소중한 일이다. 공원 및 녹지 관리 등은 노인들이 충분히 해낼 수 있는 노인 일거리이다.

노인도 함께 사는 사회가 되어야 한다.

다양한 참여 프로그램이 삶의 질을 높이다

먼지 없는 송파

이 사업은 단기간에 끝낼 수 있는 사업이 아니므로, 먼지 오염도를 정기적으로 측정하여 현저하게 그 효과가 나타날 때까지 지속적으로 추진해야 한다.

내가 어렸을 적에 송파까지 와서 샛강에서 헤엄치던 생각이 난다. 그 샛강은 허리가 잘려 지금의 석촌 호수가 되었지만 당시엔 모래 속 맑은 물이 수정 같았다.

40여 년이 지난 지금 나는 송파의 먼지 걱정을 하게 되었다. 하루 종일 꽉 막힌 잠실 사거리, 복공판이 덜커덩거리며 금속성을 내는 지하철 공사장, 마구 버린 쓰레기가 뒹구는 뒷골목, 끝도 없이 짓고 있는 건축 공사장. 하루 종일 먼지 속에 시달리는 생활이 되고 말았다.

먼지는 스모그 및 시각 장애와 각종 호흡기 질환을 비롯한 질병을 일으키는 체감 오염 물질로서, 공사장 등 우리 주변에 광범하게 발생하고 있다. 지난해 송파 지역 연평균 먼지 오염도는

110μg/㎥로서 환경 기준치 150μg/㎥보다는 훨씬 낮은 편이지만, 권고치인 60-90μg/㎥을 초과하고 있다.

사실은 그보다 2년 전인 93년에 송파 구청장으로 다시 발령을 받고 부임하자마자 〈먼지 없는 송파〉 추진 계획을 세웠었다. 이런 종류의 사업은 자칫하면 일시적인 캠페인으로 끝나기 쉽다. 구체적인 계획을 세워 꾸준히 추진하여, 1년이고 2년이고 일정 기간 지나면 송파의 공기가 획기적으로 달라져야 한다. 당시 지하철 5호선, 8호선 공사로 공사장 주변은 물론이고 대형 트럭들이 드나드는 인근 일대는 하루 종일 먼지에 시달려야 했다. 시민 교통의 가장 중요한 수단인 지하철은 무엇보다도 시급한 공사였고 그래서 이 계획은 잠정적으로 보류할 수밖에 없었다.

금년 들어 지하철 공사가 마무리되어 감에 따라 본격적으로 먼지 감소 시책을 펴기로 했다. 우선 각종 공사장에서 나오는 비산 먼지를 방지하기 위하여 공사장마다 비닐 덮기, 물 뿌리기, 청소 등을 철저히 하도록 하고, 각 실·과는 기능별 분야별로 그리고 각 동은 지역별로 중점 세부 추진 계획을 수립 시행하도록 했다.

비산 먼지 특별 관리 지역을 지정하여 중점 지도 관리하고, 사업자가 지켜야 할 사항 등에 대해 교육을 실시하였다. 주택가 주차장, 가로, 이면 도로, 재활용품 수집 업소, 상품 하치장, 건축 자재 적치소 등 먼지를 일으키는 장소 및 사업장에 대하여 일제 조사하고 사업자 준수 사항을 지키도록 하였으며, 일일 점검 체제를 확립하였다.

한편 가로 청소를 철저히 하고 진공 흡입 청소 차량 및 살수 차량을 하루 종일 가동시키고, 공원 녹지대의 공지에는 꽃이나

다양한 참여 프로그램이 삶의 질을 높인다

나무로 꽉 차게 하였으며, 직능 단체 등 민간 참여로 대대적인 꽃 심기 운동을 전개했다.

96년 4월부터 본격적인 시행에 들어간 이 운동은 약 1개월이 지나면서부터 분위기가 달라지게 되었다. 건축 공사장마다 〈먼지 없는 송파〉 현수막이 나붙고, 공사장에 비산 먼지 방지용 비닐 덮기가 철저히 이행되어 맑은 공기를 실감할 수 있게 되었다.

총 12개 분야 31개 사업으로 분류하여 조직적으로 추진한 이 사업은 어려움도 많이 따르지만 확실하게 그 효과가 나타나고 있다. 예컨대 95년 4월 방이동은 $125\mu g/m^3$로 매우 높은 먼지 오염도를 보였으나 96년 4월 말, 그러니까 〈먼지 없는 송파〉 1개월 추진 결과 $104\mu g/m^3$로서 $21\mu g/m^3$이나 감소하였다.

금년 말까지 WHO의 권고치인 $60-90\mu g/m^3$ 범위에 들어가도록 세부적인 계획을 추진하고 있는데 반드시 목표치에 이를 수 있을 것으로 보고 있다. 이 사업은 단기간에 끝낼 수 있는 사업이 아니므로, 먼지 오염도를 정기적으로 측정하여 현저하게 그 효과가 나타날 때까지 지속적으로 추진해야 한다.

무엇보다 관청 주도의 일방적인 추진이 아니라, 우리의 생활 환경을 쾌적하게 가꾸고 유지하고자 하는 시민적 노력이 더해져야 한다.

폐타이어 공원

시설 재료를 구하는 것은 아주 쉬운 일이다.
업소에서 얻어 가면서도 고맙다는 인사를 받
는다. 공원을 만들어 놓고 보니 이건 놀이 시
설이라기보다 예술품이고 재활용 교육장으로
서의 의미가 더 크다. 재활용, 그것은 또 하나
의 생산 활동이다.

문정동에 가면 특이한 공원이 하나 있다.

공원 전체 시설이 폐타이어를 이용해 만들어져 있
다. 그네 타기, 원숭이 기어오르기, 로봇, 공룡 등등
심지어 공원 울타리, 쓰레기통, 의자도 폐타이어로
되어 있다.

이 특이하게 생긴 공원을 취재하기 위해 94년 가을 준공식 때
많은 사진 기자들이 몰려왔다. 2,000여 개의 폐타이어가 연출
해낸 형상들은 과연 어린이들의 호기심을 끌 만했고 문을 열자
마자 많은 어린이들이 즐거워했다. 어린이들뿐만 아니라 어른들
도 공원에 와 어린이가 되어 보는 즐거움을 가져 보기도 했다.

폐타이어는 자동차에 달려 있을 때는 소중한 존재이지만 일단
떨어져 나오면 천덕꾸러기이다. 자동차 정비 업소마다 이리 굴

▲ 문정동에 위치한 폐타이어 공원. 2,000여 개 폐타이어가 연출한 시설물들이 아이들의 호기심을 끈다

리고 저리 굴리고 산더미처럼 쌓여 가는 골치 아픈 존재다. 이것을 잘 활용하면 요긴하게 쓰일 수 있을 것이라고 생각하고, 특히 내구력이 강해 놀이 시설 같은 것으로 큰 장점을 가질 것으로 보고 구상을 해 보았다. 공원 조형물이나 놀이 시설의 종류와 재질 등 그 자료를 수집하고, 직원을 해외에 보내 문헌과 현장 조사를 하도록 했다.

일본 몇 개 도시에서 폐타이어를 촬영한 몇 가지 작품을 발견했다. 그리고 놀이 시설 전문 업체에서도 자료를 발견했는데, 업체에서도 폐타이어를 이용한 시설을 구상중인 것을 알았다. 국내 조경 업체 중에서도 이와 비슷한 구상과 노력을 하고 있는 것을 알아냈다. 그들과 정보를 교환하고 상의하여 지금 세워져 있는 형태의 로봇, 공룡들을 구상하게 되었다. 그것은 어려운 일이 아니었고 바로 설계에 착수하여 새로운 형태의 공원을 만들기에 이르렀다.

시설 재료를 구하는 것은 아주 쉬운 일이다. 업소에서 얻어 가면서도 고맙다는 인사를 받는다. 수집한 폐타이어를 규격별로 분류하고 각 시설과 형상을 조립한다. 공원을 만들어 놓고 보니 이건 놀이 시설이라기보다 예술품이고 재활용 교육장으로서의 의미가 더 크다.

여러 곳에서 와서 보고 갔고, 많은 사람들이 폐타이어도 잘 활용만 하면 훌륭하게 쓰여질 수 있다는 것을 직접 보고 배우게 되었다.

95년에는 풍납동에 조그마한 폐타이어 공원을 하나 더 만들었다. 그리고 앞으로도 이런 종류의 일을 계속하고 싶다.

재활용, 그것은 또 하나의 생산 활동이다.

다양한 참여 프로그램이 삶의 질을 높이다

남은 음식 싸 가기 운동

남은 음식을 수거하여 비싼 시설비 들여 비료
로 만들어 쓰는 것도 좋지만, 그 이전에 양을
줄이고 사람이든 동물이든 누군가 소비하는
것이 더 좋은 일이다.

옛날 같으면 먹고 남은 음식을 싸 가지고 가면 흉이
되었다. 배고픈 시절에 집에 있는 아이들 주려고 어
머니가 잔칫집이나 대갓집에서 자신이 먹을 것을
덜 먹고 남은 음식을 무슨 큰 죄나 진 것처럼 치마
폭에 싸 가지고 가는 일이 흔히 있었다. 나쁜 일은 아니지만 그
렇다고 자랑할 만한 일이라고 할 수도 없었다.

지금은 다르다. 이제 먹고 살 만한 1만 불 소득 시대에 그런 일
을 해야 한다. 남은 음식물을 싸 가지고 간다는 것은 애국적인
일이고 자랑할 만한 일이다. 우리 국민은 푸짐한 상차리기를 미
덕으로 생각하는 생활 습관에 젖어 왔고, 으레 먹는 음식보다 남
는 음식이 더 많았다.

94년 한 해 동안에도 우리 나라에서 음식물 쓰레기로 8조 원

이나 되는 돈이 날아가 버렸다. 음식물 쓰레기는 전체 쓰레기량 의 31.4%에 달한다. 작년의 경우 서울시에서 배출된 음식물 쓰 레기는 전체 쓰레기의 35%였으며 이는 연간 2조 2천억 원에 해 당하는 막대한 돈이다. 자원과 국력의 낭비다. 말이 그렇지 우리 나라 연간 음식 쓰레기가 8조원이라면 94년도 정부 예산의 약 21%에 해당하는 엄청난 액수이다.

우리 나라 쓰레기 대책 중 이 음식물 쓰레기 문제를 중점적으 로 해결하지 않으면 도저히 쓰레기 문제를 해결할 길이 없다. 음 식 쓰레기에 대한 비료 만들기 사업이 민간 부문에서 한때 활발 하였으나 다시 뜸해졌다. 송파구에서도 93년에 이미 비료 만드 는 기계를 구내 식당에 설치 가동하였으나 효과를 보지 못해 철 거한 일이 있다. 이미 쓰레기로 배출된 음식물을 비료화하는 것 도 좋지만 가장 중요한 것은 남기지 말아야 한다. 음식점에서도 적정량만큼만 공급하고 되도록 남는 음식물의 분량을 적게 해야 한다.

음식점에서 식사하고 음식물이 남으면 이를 집에 싸 가지고 가는 것도 한 가지 방법이다. 지난 94년 초 우선 제1단계로 음식 물을 싸 가지고 가기 쉬운 갈비 집, 불고기 집, 일식 집 중 45개 업소를 선정하여, 〈남은 음식 싸 가기 운동〉시범 업소로 지정해 이 운동을 시작하였다. 취지는 좋지만 얼만큼 효과가 있겠느냐 는 생각들을 하는 것 같았으나 일단 적극적으로 추진하기로 했 다. 각 업소에 공한문을 발송하고 취지문을 게첨하게 했다.

구청장과 음식업 협회 지부장 공동 명의로 각종 홍보물을 만 들고 민관 협동으로 추진하였다. 제1단계 실시 대상 업소들이 비교적 크고 영업이 잘되는 업소들인데다가 남는 음식의 양이

다양한 참여 프로그램이 삶의 질을 높인다

줄어드는 효과가 있으므로 잘 호응해 주었다. 곧이어 음식을 싸 갈 수 있는 전체 대상 업소인 2,900여 업소에 공한문을 발송하고 교육을 실시하였다.

　제2단계로 94년 8월에 이들 중 120개 업소를 시범 업소로 추가 지정하였다. 음식을 싸 갈 수 있는 비닐 봉지와 이를 넣을 수 있는 또다른 쇼핑백(종이 주머니)을 제작하여 각 업소에 보급하였다. 성과가 좋자 계속해서 9월에 비닐 봉지 5만 매를 추가로 제작 보급하여 〈남은 음식 싸 가기 운동〉이 점차 확산되고 정착되어 갔다.

　남은 음식을 싸 달라고 적극적으로 요구하는 손님도 있지만 대개의 경우 그냥 가기 마련이다. 속으로 남은 음식이 아깝고 갈비 같은 것은 집에 있는 개에게 주었으면 하고 생각하면서도, 막상 싸 달라기가 귀찮고 어색하기도 해 그냥 나오는 경우도 많을 것이다. 업소 종업원들을 교육시켜 적극적으로 남은 음식을 싸 가도록 권장하였다. 송파구에서 이 운동에 참여하고 있는 곳은 96년 5월 현재 800개 업소로 계속 확산시켜 가고 있다.

　금년 초 구청 업무 보고 때 이 운동을 조순 서울 시장에게 설명하였고, 곧이어 서울시 차원에서 이 운동에 동참하였고 서초구를 비롯한 몇몇 구에서도 시행하고 있다. 남은 음식을 수거하여 비싼 시설비 들여 비료로 만들어 쓰는 것도 좋지만, 그 이전에 양을 줄이고 사람이든 동물이든 누군가 소비하는 것이 더 좋은 일이다.

　지금 이순간에도 아프리카, 아시아 일대에 굶주림에 허덕이는 사람들이 수없이 많다는 사실도 잊지 말아야 한다.

살림 잘하는 남자

한성 백제 문화제

뒤따르는 문무백관
소달구지 연자방아
참깨장수 엿장수 위례 풍물이
빌딩 숲 뚫고
어깨춤에 신명난다

백제 역사 678년 중 송파 지역에서 493년을 도읍으로 정해 지냈다는 사실을 아는 사람들은 의외로 많지 않다. 그러니까 백제 역사 대부분의 그 주무대가 바로 송파 지역이었다.

BC 18년에서 서기 475년 까지이다. 이미 2000여 년 전에 우리 조상들은 서울의 동남쪽에서 서울을 열고 있었다. 몽촌 토성에서 발굴된 백제 초기 유적이며, 풍납 토성, 백제 적석총, 방이 고분군은 당시의 우리 문화를 간직하고 있다.

지금은 고층 아파트가 들어서고 아스팔트 길이 깔리고 선조들의 숨결이 사그러들고 있어 안타깝지만 송파는 자랑스런 고장이다. 우리 송파구는 당시의 문화를 기리고 우리의 전통을 되살리고자 백제 문화제를 열고 있다. 백제 역사 중 이곳에서의 도읍

다양한 참여 프로그램이 삶의 질을 높이다

▲▼ 백제의 전성기였던 근초고왕의 진군 행렬

기간을 학자들은 「한성 백제」로 부르고 있다. 그래서 이름을
「한성 백제 문화제」라 하여 전통 문화 축제로 열고 있다.

제1회 「한성 백제 문화제」는 94년 5월에 열렸다.

당시 서울 정도 600년 기념 사업의 하나로서 성대한 시민 잔치로 열렸다. 일본 오사카에서 내한한 백제 문화 기념 사업회 일본인 간부들이 백제 왕인박사로부터 문화를 전래받는 문화 전파식에 이어, 백제 전성기였던 근초고왕의 진군 행렬이 아시아 공원으로부터 백제 고분로를 거쳐 올림픽 공원에 이르는 6㎞로 이어졌다.

진군 행렬에 이어 백제 시대의 갖가지 풍물 행렬이 따랐으며, 특히 각 동별 자원 봉사자들인 주민 문화 행렬은 종래의 〈보는 행사〉에서 〈참여하는 행사〉로의 변화된 모습을 보여 주었다.

SBS-TV에서는 식전 행사로부터 가두 퍼레이드에 이르는 장장 4시간에 걸친 전 과정을 전국으로 생방송하기도 했다.

특히 이 행사를 위해 한국과 일본의 향토 사학자들이 대거 참여하여 절차 하나하나에 대한 고증을 철저히 하였으며, 역사 학자로 하여금 현장에서 자세히 해설하도록 하여 매우 교육적이었다는 평가를 받았다.

첫번째 행사에서 연 10만여 명의 주민과 관광객이 참여하였고, 2천여 명의 자원 봉사자가 가장 행렬 등 갖가지 식전 식후 행사에 참여하는 등, 구 단위의 지역 행사로서는 큰 성과를 거두었다.

제2회 축제는 95년 9월에 개최되었다. 종전의 행렬 이외에 각종 음악 공연, 미술전, 백제왕비 선발 대회, 송파 장터 재현, 국제 민속 축제 등이 함께 열렸다.

특히 송파구와 자매 도시를 맺고 있는 뉴질랜드의 크라이스트처치, 파라과이의 아순시온, 카자흐스탄의 카라간다시에서 온 민속 공연단의 공연과 이들이 함께 참여하는 가두 행렬은 이색적이었다. 바로 전날 전야제로 열렸던 오스트리아 비엔나 모짜

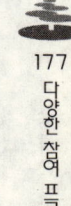

다양한 참여 프로그램이 삶의 질을 높이다

르트 트리오의 감미로운 음악은 송파 구민을 위한 최고의 선물이었다.

백제를 세운 온조왕의 입성 행렬이 석촌동 백제 초기 적석총에서 백제 고분로를 따라 장엄하게 펼쳐지는 동안, 송파의 타임머신은 2천 년을 거슬러 올라갔다. 마침 각급 학교에 연락하여 가두를 메운 어린 학생들을 위한 생생한 역사 교육 현장이 되기도 하였다.

이 날 백제의 혼불이 금동 향로에 봉안되어 송파 구청장에 의해 공주 시장에게 옮겨져 공주 백제 문화제에 사용된 후, 다시 문화의 전파 경로를 따라 일본 사천왕사에 전달되었다.

95년은 온조왕이 하북 위례성에서 오늘의 올림픽 공원내 몽촌토성(하남 위례성)으로 천도한 지 2천 년이 되는 해이다. 조상의 얼과 문화 유산을 전승, 보존하는 것은 문화의 창조 못지않게 어렵고 보람 있는 일이다.

이 행사는 처음부터 특징을 갖는 향토 문화 행사가 되도록 노력하여 그 성과가 더 크다고 생각된다.

첫째, 종래에 흔히 볼 수 있었던 〈보는 행사〉가 아니라 주민들이 함께 〈참여하는 행사〉였다는 점이다. 행사 계획 단계부터 관내 향토 사학자들이 모여 토론하고 주민들은 가두 가장 행렬에 참여함으로써 관객이 아닌 주역이 되었다는 점은 매우 의의 있는 일이다. 가장 행렬을 꾸미기 위해 동별로 아파트 단지별로 회의를 열고 학교, 도서관, 기관에서 자료를 구하는 등 경쟁적인 노력을 기울여 훌륭한 행렬을 만들 수 있었다. 그 밖에 노래 자랑, 백제왕비 선발 대회 등 많은 주민들이 직접 참여하여 성대한 자치 문화 축제를 벌일 수 있었다.

둘째, 교육적이었다는 점을 들 수 있다. 한성 백제 문화제를 통하여 백제 역사를 재현함으로써 주민들, 특히 어린 학생들이 백제 역사와 풍물을 직접 체험할 수 있었다는 점은 교육적 측면에서 고무적인 일이었다. 정확한 고증을 통해 재현한 백제 문화는 살아 있는 역사 교육이었다.

셋째, 경제적 행사라는 점이다. 자원 봉사자들이 대거 참여하고 초청된 사람들도 최소의 비용을 들였으며, 최대로 절약을 기한 행사였다. 전문가들이 보기에 그 정도 규모의 행사면 적어도 8억 원 정도는 소요될 것으로 판단하나 2억원으로 모든 행사를 치렀다. 세계적인 음악 공연 단체를 초청하고, 5개 나라의 민속 무용단이 참여하는 등 다채로운 국제 행사를 치르자면 돈이 많이 들 수밖에 없다. 그러나 행사를 아무리 훌륭하게 치러도 돈이 많이 들면 곤란하다. 이 점에 유의하여 최대의 절약 작전으로 행사에 임하여 알뜰한 축제를 할 수 있었다.

넷째, 주민 화합과 향토애를 높일 수 있었다는 점이다. 이것은 매우 중요한 의미를 지닌다. 지역을 이해하고 행사에 참여하여 함께 땀을 흘리는 가운데 지역 사랑과 화합의 한마당이 될 수 있었다.

한성 백제 문화제는 단순한 지역 행사이기보다는 그 규모와 수준에 있어서 국가적 행사가 되도록 많은 외국인들이 참여할 수 있게 홍보하고 주한 외국인들을 많이 초청하며, 관광 사업의 일환으로 여행사들과 협력하는 방안도 강구해 볼 수 있을 것이다.

그렇게 하자면 서울시와 정부로부터 지원이 있어야 하고 외국인 유치를 위한 별도의 계획도 마련되어야 한다.

다양한 참여 프로그램이 삶의 질을 높이다

어쨌든 한성 백제 문화제는 자랑스런 지역 문화 행사로 계속
되고 있고, 앞으로 더욱 보완 발전시켜 나갈 것이다.
94년 축제를 성공리에 마친 날 밤 시를 하나 썼다.

백제 문화제

시간을 돌려 백제를 간다
솔방울 왕눈
근초고왕의 위엄이
천년을 거슬러
백제 고분로를 간다

뒤따르는 문무백관
소달구지 연자방아
참깨장수 엿장수 위례 풍물이
빌딩 숲 뚫고
어깨춤에 신명난다

선무(仙舞)타고 섬 나라 잠깨우는
왕인박사
넓은 가슴이
바다를 건넌다

백제를 당기는 궁수의 시위
오색 깃발 북소리
함성과 손뼉 속에
백제가 간다

작은 도서관 운동

작은 도서관은 도서관으로서의 고유 기능과
더불어 주민들에게는 꽃꽂이, 회화, 붓글씨,
분재 등 여가 활동 장소로, 청소년들에게는
문화 공간으로, 어린이들에게는 놀이 공간으
로, 일반 시민들에게는 사회 정보 센터의 역
할을 하는 복합 문화 공간으로 활용하게 될
것이다.

송파구에는 2,100석을 갖춘 구립 도서관이 있다. 오
금 공원을 등지고 있는 송파 도서관은 시설이 비교
적 잘 되어 있고 운영도 잘하고 있어 송파구의 자랑
거리 중의 하나다.

94년에 문을 연 이 도서관은 낮 시간 동안 많은 주부들이 이용
하고 여가 활동 장소로 활용되고 있다.

청소년 독서실은 3개소가 있어 주로 저녁 시간에 공부하는 장
소로 이용되고 있다. 이밖에 28개 동 모두에 새마을 문고가 설
치되어 운영중에 있다.

전국에 하나밖에 없는 구립 도서관은 교육청에 위탁하여 사서
전문가들로 하여금 운영하게 하고 있으며, 청소년 독서실은 민
간 법인체에서 운영하도록 하고 있다. 새마을 문고는 각 동에서

15-20명의 어머니들로 구성된 문고 회원들이 자율적으로 운영하고 있다.

문고를 작은 도서관화하여 그 기능을 강화하면 실질적인 독서량을 높이는 방법이 될 것이라는 생각에서 문고 지원을 충실히 해주고 있고, 특히 봉사 정신이 강하고 활동적이며 교육 수준이 높은 주부들이 운영에 적극 참여하고 있다. 마을별로 이와 같은 수준 높은 자원 봉사자를 발굴하고 활용한다는 것은 지역 복지 증진에 바람직한 일이다.

그런데 기능을 제대로 가진 도서관 한 개 정도로 만족할 수는 없다. 우리는 흔히 거대한 건물이나 시설을 지어 놓고 국내 최대니 동양 최대니 하는데 그게 우리 생활과 무슨 직접적인 관련이 있는가. 특히 주민들이 많이 이용하는 시설은 주민 곁에 있어야 이용하기가 쉽다.

송파 지역 사회 지표에 나타난 주민들의 여망도 그렇다. 그래

다양한 참여 프로그램이 삶의 질을 높이다

▲작은 도서관은 주부 자원 봉사자들이 자율적으로 운영하고 있다

서 300－500석 규모의 소규모 도서관을 각 권역별로 5, 6개소 더 건립할 계획이다. 풍납·잠실·송파·가락·문정·거여·마천 지역 등이 예상 지역이다. 되도록 집 가까이 위치하고, 멀어야 버스 정거장 한두 구역 정도에 건립하면 누구나 쉽게 이용할 수 있을 것이다.

이 작은 도서관은 도서관으로서의 고유 기능과 더불어 주민들에게는 꽃꽂이, 회화, 붓글씨, 분재 등 여가 활동 장소로, 청소년들에게는 문화 공간으로, 어린이들에게는 놀이 공간으로, 일반 시민들에게는 사회 정보 센터의 역할을 하는 복합 문화 공간으로 활용하게 될 것이다.

그 운영도 주부들이 중심이 된 운영 위원회를 만들어 주부 자원 봉사자들이 직접 맡게 할 계획이다. 도서관 운영은 전문적인 사서직이 담당해야 하므로 교육청이나 전문기관에 위탁 운영 하는 것이 보통인데, 그보다도 조금 서투르기는 하지만 지역별로

▲송파구 구립 도서관 전경

자원 봉사자들을 동원하여 잘 운영하면 도서관 기능 이상의 좋은 효과를 얻을 수 있을 것이다. 어머니들이 공부하는 자식들에게 차를 끓여 주고, 음악실에서는 음악을 들려주고, 상담 활동을 하고, 대학생 봉사자들은 특별 지도실에서 학습 지도를 해주는 등 분야별로 이웃집 아이들을 이웃집 어른들이 돌본다는 것은, 사람과 지역을 사랑하고 지역의 가족화 운동에 큰 역할을 담당할 것이다.

우선 96년에는 풍납동 지역에 건립 부지를 마련하고, 나머지 4-5개소도 재정 형편을 감안하여 연차적으로 건립해 나갈 계획이다.

훗날 송파구가 도서관이 많은 구로 불려진다면 참으로 자랑스러운 이미지가 아닐 수 없다. 왜냐하면 그러한 구에는 밝은 미래가 있기 때문이다.

다양한 참여 프로그램이 삶의 질을 높이다

작은 문화 공간

이제 주민들은 수준 높은 서비스를 원한다.
시민 정신이나 의식 수준은 문화에 의해 판가
름된다. 그리고 그 문화는 우리의 생활 속에
있어야 하고 필요할 때 쉽게 접근할 수 있어
야 한다.

문화는 우리의 생활 속에 있어야 한다. 접근이 쉬워
야 한다.

예술의 전당이나 세종문화회관 같은 거대한 문화
공간이 곳곳에 있으면 좋겠지만 그건 거의 불가능
한 일이다. 문화가 우리의 생활 속에 있으려면 작은 공간들을 개
발하고 문화화해야 한다. 공원 모퉁이를 특별히 꾸미거나 가로
한쪽 공터를 이용할 수도 있다. 외국을 여행하다 보면 요소요소
에 문화 공간이 갖추어져 있음을 우리는 부럽게 생각한다. 구청
이나 시청 광장은 당연히 문화 공간화하고 출입이 자유로워야
한다.

공간만 있으면 집을 짓고 점포를 내거나 담장이나 쇠사슬로
둘러쳐 삭막한 단절감을 느끼게 하는 우리의 현실을 그저 한탄

▲ 제2회 송파 거리 미술 축제

▼ 아시아 공원 도로변에 설치한 「시와 그림의 광장」

만 할 것이 아니라, 이제부터라도 찾고 노력해야 한다.

길가 한 모퉁이에 작은 동상 하나 세우고 잠시 멈춰 갈 수 있
는 공간으로 활용한다면 그것 또한 훌륭한 문화 공간이 될 수 있

다. 공원 한쪽 야외 공연장을 만들어 노래하고 시 낭송하고 연극을 할 수 있다면 얼마나 멋질까. 돈이 많이 드는 것도 아니다. 관심의 문제다. 중요한 건 우리가 머리를 문화적으로 돌리는 일이다.

이제 먹고 살 만하니까 조금씩 문화 욕구가 높아지고 있다. 특히 국민 교육 수준이 높아 자연스럽게 문화 욕구가 나타날 수밖에 없다. 다만 우리가 아직까지 문화와 거리가 멀거나 담을 쌓고 살아온 것은, 우리의 제도나 환경이 비문화적이었고 이 부문에 노력을 게을리 했기 때문이다. 우리가 외국을 여행하면서 가장 인상 깊게 여기고 감탄하고 부러워한 것 역시 그 나라의 문화이다. 외국인들이 잘생겨서도 아니고 돈이 많아서도 아니고, 상점의 상품들이 좋아서도 아니다. 전통과 문화적 환경 때문이다.

우리들의 문화에 대한 욕구가 커지면서 이에 따라 크고 작은 음악회 등 각종 문화 행사가 주변에 많이 열리고 있다.

아시아 공원은 비교적 문화와 접근할 수 있는 좋은 공간이다. 특히 야외 공연장은 조금만 보강하면 작은 문화 공간으로 소중하게 쓰여질 수 있다. 300명을 수용할 수 있는 이 공연장에 간이 무대를 설치하고 음향 시설을 하면 웬만한 공연도 훌륭하게 치를 수 있다. 93년부터 시 낭송회, 청소년 문화 축제, 어린이 사생대회 등을 개최하여 주민들이 직접 참여하는 문화 공간으로 활용하고 있다.

뿐만 아니라 송파구에서 조성하는 공원에는 예외없이 야외 공연 무대를 시설하고 있다. 송이 공원, 오금 공원, 개농 공원, 누에머리 공원 등 거의 모든 공원 한 부분에서는 공연을 할 수 있도록 해 놓았다. 다만 공연할 수 있는 프로그램이 미흡하여 만

▲ 송파구에서 초청한 헝가리 바르톡 현악 4중주단 연주 모습

족스럽게 활용되지 못하고 있는 것이 안타까우며, 앞으로 각 공
연 단체나 학교, 교회 등과 협의하여 문화 행사를 다양하게 개최
할 계획이다.

　아시아 공원 한켠 도로변에는 「시와 그림의 광장」을 조성하여
항상 사람들이 모여 시와 그림을 접할 수 있도록 하고 있다. 「시
와 그림의 광장」에 작은 무대를 설치하여 그림 전시대에 상시
미술품을 전시하고, 화가들이 직접 그림을 그리는 현장 예술 활
동 공간도 마련된다. 각종 조형물이나 편의 시설에도 예술적 감
각을 살리며 보도 블럭 디자인, 조명 시설 등도 수준 높게 설치
하게 된다. 각종 문화 예술 단체가 활동하게 되고, 이곳은 젊은
이들이 즐겨 찾는 한국의 몽마르뜨가 될 것이다. 또한 주변에 각
종 꽃을 심어 화가들이 즐겨 찾는 그림의 광장이 될 것이다.

　석촌 호수 역시 휴식 공간과 동시에 문화 공간으로 가꾸어 갈
계획이다. 현재 놀이마당이 있어 전통 문화 공간으로 소중하게

쓰여지고 있는데, 더 많은 공간을 문화 공간화하는 계획이 추진되고 있다.

요즈음 〈문화 복지〉라는 말을 종종 듣게 된다. 문화 예술은 배부른 사람이나 하고 소질 있는 사람에게나 해당되는 것이 아니다. 문화는 복지의 중요한 한 부분이다. 작년에 세계적 음악단인 헝가리 바르토크 4중주단을 구민 회관에 초청하여 연주회를 가졌을 때, 기초 자치 단체에서 세계적 음악인 초청 공연을 했다고 화제가 되었던 일이 있다.

이제 주민들은 수준 높은 서비스를 원한다.

시민 정신이나 의식 수준은 문화에 의해 판가름된다. 그리고 그 문화는 우리의 생활 속에 있어야 하고 필요할 때 쉽게 접근할 수 있어야 한다.

〈생활 문화〉를 공급해 주는 일은 점점 더 중요한 행정 서비스로 자리잡아 가고 있다. 따라서 모든 행정 계획이나 프로그램도

살림 잘하는 남자

▼ 송파 문화 예술 회관 전경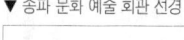

문화 지향적이어야 한다. 작은 문화 공간을 늘리고 모든 건축물이나 시설물에도 문화와 예술을 생각해야 한다. 그것이 문화 도시이고 그곳에 사는 시민이 문화 시민이다.

다양한 참여 프로그램이 삶의 질을 높이다

신앙인의 날

「신앙인의 날」은 어떠한 형태로든 지켜져야
한다. 그것은 신앙의 자유나 보호에 관한 문
제가 아니라, 정신적 문화적으로 이 사회가
발전하는 데 필요하기 때문이다.

매주 일요일을 「신앙인의 날」로 정하여 이 날은 특
히 종교에 관계 없이 신자들의 편의를 봐주고 있다.
94년부터 실시해 오고 있는데 어느 정도 정착되어
가고 있다.

이 날은 교회, 성당, 사찰 앞 도로는 주차 단속을 하지 말도록
했다. 구청장이 기독교 신자라서 특혜를 주는 것 아니냐는 논의
도 있을 수 있다. 그리고 똑같은 주차 위반인데 교회나 사찰 앞
만 단속을 하지 않는 것은 형평의 원칙에도 맞지 않고, 더 나아
가 공무원의 직무유기도 될 수 있다.

그래도 이 제도를 고집했다. 뭐 특별히 「신앙인의 날」로 선포
하거나 구 의회의 승인을 받은 것도 아니고 그저 그런 방식으로
운영을 하고 있다. 주차 단속을 하지 않을 뿐만 아니라 유수지

바닥을 고르게 정리하여, 인근 교회의 신자들 차량을 일요일에 한해 주차하도록 하고 있다. 우리는 1년 365일 중에 특별히 날을 정하여 어린이 날, 장애인의 날, 어버이 날, 근로자의 날 등 특정 대상을 보호하거나 기리고 있다. 일요일 하루만이라도「신앙인의 날」로 정하여 그들에게 편의를 봐주는 것은 종교적 차원을 떠나서라도 바람직한 일이다. 어지럽고 바쁘고 혼탁한 세상에 살면서 일요일에는 자신의 지난 1주일을 돌아보고 조용한 마음으로 교회를 찾으며 하루를 경건하게 보내는 일은, 사회 순화나 발전을 위해서도 크게 권장 할 만한 일이다. 그러한 사람들을 위해서 행정적으로 하루쯤 특별히 배려해 주는 것은 어찌보면 당연한 일인지도 모른다.

비단 주차 편의만이 아니라 신앙 생활을 돕기 위한 가능한 방법을 찾아 지원해 주어야 한다. 교회별로 일정 구간 주차 허용 시간을 정해 실시하는 경우도 있고 조그만 골목길에서는 그냥 주차하는 경우도 있다.

물론 이 제도가 악용되기도 하고 부수적인 문제를 불러일으키기도 한다. 교회 차량에 이어 비신자들이 하루 종일 주차시켜 놓는 경우도 있고, 토요일밤에 아예 트럭, 중장비 차량들이 자리를 차지해 버리는 경우도 있다. 중장비를 타고 교회나 성당에 오는 사람은 그리 많지 않을 것이다. 설혹 비신자들이 이 제도를 악용하여 주차한다고 해도, 신앙인들에게 특혜를 준다는 사실이 그들에게 좋은 영향을 주면 주었지 조금도 나쁠 것은 없을 것이다.

그런데 요즈음 걱정이 하나 생겼다. 주차 단속권을 아예 시청으로 가져간다는 것이다. 지방 자치제하에서 하고 많은 일을 두

다양한 참여 프로그램이 삶의 질을 높인다

고 주차 단속권을 가져간다는 것이 도저히 이해가 가지 않는 일이지만, 그렇게 한다면 구청장으로서는 어쩔 수 없는 일이다.

송파구처럼 도로나 공간이 어느 정도 여유 있는 지역에서는 자치 단체장이 재량으로 할 수 있어야 한다. 획일적 행정이 얼마나 비능률적이고 비현실적인가는 지난날 우리의 정치, 행정 현실이 명백히 보여 주었다. 어쨌든「신앙인의 날」은 어떠한 형태로든 지켜져야 한다. 그것은 신앙의 자유나 보호에 관한 문제가 아니라, 정신적 문화적으로 이 사회가 발전하는 데 필요하기 때문이다.

살롬 잘하는 남자

선거법에 골탕먹는 시민

단체장이 정당 공천을 받도록 하고, 또 소위
정치 활동을 할 수 있는 정무직으로 해놓고,
선거와 관련한 일체의 정치 활동을 금하는 것
은 모순이다. 자치 단체장의 선거 개입이 우
려되면 활동을 제한하기보다 정당 소속제를
폐지하는 것이 옳을 것이다.

구청이 무얼하는 곳인가. 국가 정책을 다루는 곳도,
대규모 국책 사업을 벌이는 곳도 아니다. 청소는 잘
되고 있는지, 탁아소 운영은 어떻게 하고 있는지,
어린이 놀이터에 고장난 데는 없는지, 즉 주민들의
일상 생활과 관련된 아주 작은 일들을 하는 곳이 바로 구청이다.
이런 일들이 잘 돼야 주민 생활이 편하고 이른바 〈삶의 질〉을 따
질 수 있는 것이다.

생활 수준이 높아지고 여가 시간이 늘어나면서 시민의 〈여가
문화〉의 중요성이 커지고 있다. 그래서 요즈음 각 자치 단체에서
는 여가 프로그램을 앞다투어 개발하고 있다. 각종 교양 강좌,
취미 교실, 레크리에이션, 체육 행사 등이 그것이다. 주부 강좌
를 비롯해 자수, 공예, 요리, 꽃꽂이, 한복, 홈패션, 단전 호흡,

에어로빅, 노래 교실, 무용 등 송파구의 경우만 해도 36개의 프로그램에 2,000여 명이 참여하고 있다.

그런데 이런 일들을 선거 기간 중에 하지 말라는 것이다. 95년 12월 30일 개정된 공직 선거 및 부정 선거 방지법에 의하면, 선거 기간 개시일 30일 전부터 선거일까지 특별한 사유 없이 선거 구민을 대상으로 교양 강좌, 사업 설명회, 공청회, 직능 단체 모임, 체육 대회, 경로 행사, 민원 상담 또는 기타 각종 행사를 개최 후원하는 행위를 일체 금지하고 있다. 중앙 선관위에서는 서울시에서 매년 개최하고 있는 시민 대학도 해서는 안 된다고 회시하였다. 선거와는 전혀 관계가 없는 컴퓨터 교실, 민원 상담, 체육 행사 같은 것도 일체 할 수 없도록 만들어 놓았다.

그 이유는 〈지방 자치 단체장이 그 지위를 이용하여 선거에 영향을 미칠 수 있는 행위〉를 제한하기 위함이다. 즉 〈미칠 수 있는 행위〉를 〈미치고 있는 행위〉로 보았고, 자치 단체장은 모두가 그 지위를 이용하여 부정 선거에 개입하고 있는 것을 전제로 한 것 같다.

선거 혁명을 이룩하고자 하는 법 취지는 충분히 이해할 수 있고 또 그래야 한다. 그러나 이로 인한 또다른 예상되는 문제점을 간과해서는 안 된다. 더구나 96년 국회의원 선거, 97년 대통령 선거, 그 다음해에 자치 단체장 선거로 계속 이어지고 있는데 이때마다 시민의 일상적인 생활을 제한한다면, 도대체 선거가 시민을 위한 것인지 시민이 선거를 위해 있는 것인지 모르겠다. 모든 제도는 인체의 핏줄과 같아서 서로 다른 기능과 역할이 조화되어야 한다. 한 가지를 만족시키기 위해 다른 부분을 희생시켜야 한다면 이는 위험한 일이다. 항공기 사고를 줄이기 위해 항공기 자체를 모두 없애 버리면 항공기 사고는 절대 일어나지 않을 것이다. 그러나 그 다음 문제는 어떻게 할 것인가.

이 법은 부정 선거 방지라는 시대적 중요성에 너무 치중한 나머지 인체의 다른 기관에 장애를 일으키게 하는 꼴이 되고 말았다. 도대체 그 많은 국회 의원들이 두 눈 멀쩡히 뜨고 어떻게 이런 법안을 통과시켰는지 의심스럽다. 물론 연말이라 바쁘니까 허둥지둥 지나갔는지 모르겠으나, 분명한 건 시민의 중요한 권리를 결과적으로 침해하는 잘못을 저질렀다는 점이다.

송파구에서 구태여 이 문제를 들고 나설 것까지는 없을지도 모르지만, 이 정신 빠진 법을 놓고 그대로 지나칠 수는 없었다. 누군가는 짚고 넘어가야 한다. 그래서 중앙 선관위의 유권 해석과 지침이 일체의 행위가 불가능하도록 막무가내로 나온 직후, 헌법 소원 청구도 불사하겠다는 생각으로 변호사 세 분에게 자문을 구하는 한편, 구체적인 헌법 소원 청구 작업에 들어가게 되었다.

우리 나라 헌법은 제10조에서 「행복 추구권」을, 그리고 제34조에서 「인간다운 생활」을 할 권리를 보장하고 있다. 제117조에서는 지방 자치 단체의 주민 복지에 관한 사무를 규정하고 있으며, 지방 자치법 제8조에서도 지방 자치 단체의 주민을 위한 복리 증진에 관한 규정을 하고 있다. 또 국민 체육 진흥법 제8조에서도 여가 · 체육 활동의 육성 지원에 관한 규정을 두어, 각 지방 자치 단체에서는 고유 사무로서 다양하고 활발한 체육 지원 활동을 하도록 보장하고 있다.

이러한 일련의 법 조항들은 헌법이 정한 위의 기본권을 구체화하기 위한 것으로 생각된다. 따라서 위와 같은 활동들을 포괄

다양한 참여 프로그램이 삶의 질을 높이다

적이고도 일률적으로 제한한다는 것은 헌법이 보장하는 기본권을 침해하는 것일 수밖에 없다. 그리고 자치 단체의 입장에서 보면 일상적인 고유 업무를 할 권리와 책임을 제한받는 것이 된다.

더구나 경제 성장과 생활 수준의 향상으로 날이 갈수록 주민의 여가 생활이 다양해지고 수준도 높아지고 있다. 자치 단체의 업무 중 주민 여가 프로그램은 앞으로 더욱 그 중요성을 더해 갈 것이다. 각종 교육, 취미 프로그램은 모두 자치 단체의 고유 사무이며 일상적인 업무로서, 지방 자치 단체가 행사는 사무이지 자치 단체의 장이 행하는 행위가 아니다.

단체장이 참석하지도 않고 선거에 영향을 미치는 행위가 있을 수도 없는 경우 모두를 정당인이 행하는 선거 운동이라고 단정하는 것은 지나친 확대 해석이다. 개연성이 있다고 해서 행위 자체를 금지하는 것은 안이한 발상이다. 선거 관리에 설혹 어려움이 있더라도 선거 부정의 사례를 구체적으로 열거하여 지침을 마련하고 개별적으로 단속을 강화해야 할 일이지, 업무 그 자체를 송두리째 금지하여 국민 생활을 제한하는 우는 범하지 말아야 한다.

송파구에서 헌법 소원을 내자 각 언론과 경실련, YMCA 등 사회 단체에서도 문제를 제기하고 나섰고, 서울시 구청장 협의회에서도 집단 대응 태세로 나왔다. 급기야 기준을 마련하여 종래의 제한을 어느 정도 완화하였는데, 사실 내용을 살펴보면 불만스런 점이 한두 가지가 아니다.

민원 상담이나 의례적인 체육 대회 같은 것을 허용한 것은 당연하나, 각종 교양 강좌와 취미 교실의 경우 무료로 실시하는 것을 금지하는 것은 문제다. 구청에서 실시하고 있는 대부분의 교양·여가 교실이 무료로 운영되고 있는 터이므로, 선거 기간 동안 유료로 하든가 아니면 문을 닫을 수밖에 없다. 유료화하려면 요금 징수 조례를 만들어야 하는데 그것도 일정 기간에만 유료화해야 할 판이니 괴이한 조례가 될 수밖에 없다. 그래서 할 수 없이 47일간 문을 닫고 말았다. 아무리 미흡하고 불만이 있더라도 법은 지켜져야 하기 때문이다. 선거법의 이 제한 규정은 반드시 고쳐져야 한다.

한편 생각해 보면 단체장이 정당 공천을 받도록 하고, 또 소위 정치 활동을 할 수 있는 정무직으로 해 놓고, 선거와 관련한 일체의 정치 활동을 금하는 것은 모순이다. 자치 단체장의 선거 개입이 우려되면 활동을 제한하기보다 정당 소속제를 폐지하는 것이 옳을 것이다. 이제 우리 시민들도 선거에 부당하게 개입하는 단체장을 용납하지 않을 것이다.

선거 관리도 중요하다. 그러나 시민의 일상 생활은 더 중요하다. 꽉 막힌 정치는 시민을 답답하게 할 뿐이다.

다양한 참여 프로그램이 삶의 질을 높이다

제4장 사회 복지는 자선이 아니다

사회 복지는 자선이 아니다
최저 수준 *national minimum* 보장 차원에서
최적 수준 *national optimum* 지향으로
전환해야 한다

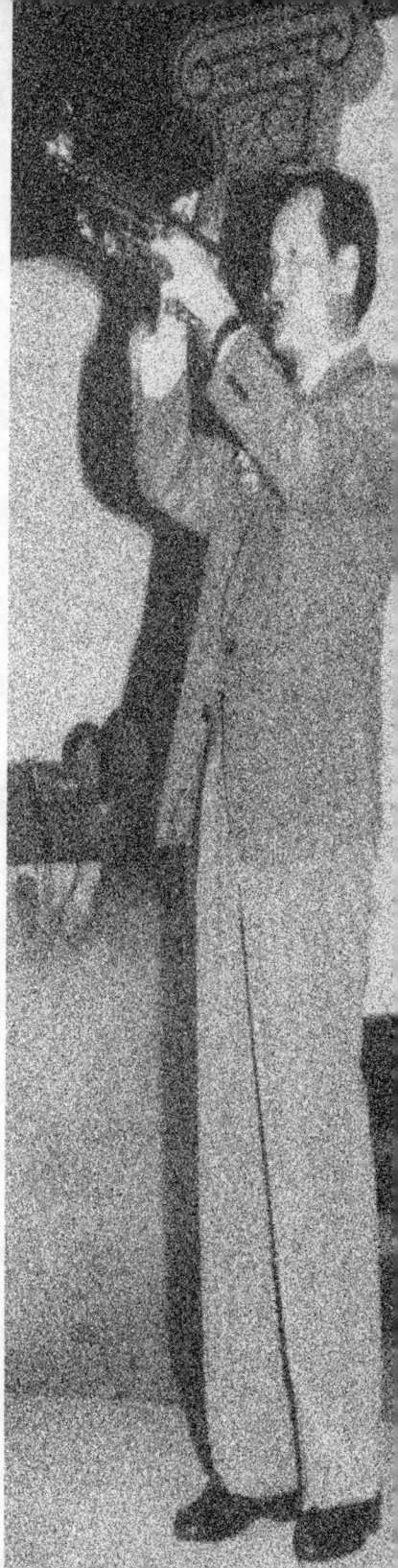

송파 한가족 돕기

대상자 관리 카드를 만들고 그들이 매일매일
살아가는 모습과 생계 수단, 왜 도움을 받아
야 하며, 도움이 필요한 부분이 무엇인지, 가
족 관계, 특기, 특별한 사항 등을 『도움을 기
다리는 송파 한가족』이라는 책자를 만들어 각
기관, 단체, 개인에게 배포하였다.

 남을 돕는다는 것은 고귀한 일이다. 좋은 일 하나
하는 것이라고 쉽게 넘어가서는 안 된다. 그 방법과
뜻을 깊이 생각해야 한다.

연말이면 으레 〈불우 이웃 돕기〉라는 이름으로 우
리 주위의 어려운 이들을 여러 가지 방법으로 돕는다. 이웃 돕기
창구를 만들어 성금을 접수하기도 하고, 방송국 같은 언론 기관
에서는 대대적인 성금 모금 캠페인을 벌여 많은 금액을 모금하
기도 한다. 자치 단체의 경우 기관장의 안면을 봐서 관내 유지들
이 특별히 기탁하는 경우도 있으며 종교 기관, 단체 등에서 바
자, 자선 행사 등을 벌여 모금하기도 한다. 그렇게 모금된 성금
은 어려운 이웃들을 위해 쓰여진다.

좋은 일이다. 그런데 뭔가 아쉬운 점이 남는다. 어려운 이웃을

위해 돈을 내고 어려운 이웃은 돈을 받고, 그러고 나면 그만이다. 도와 주는 사람에게 대상이나 내용에 관한 선택권을 주어야 한다. 기왕이면 더욱 보람을 느낄 수 있도록 해줘야 한다. 도움을 받는 사람은 감사할 줄 알아야 한다. 있는 사람이 주는 것이니까 없는 사람은 당연히 받을 뿐이라고 생각한다면, 그러한 도움은 경제적인 것 이상의 도움은 되지 못한다. 감사하는 마음과 삶의 용기와 사람의 따뜻함을 느낄 수 있어야 한다. 도움의 대상을 구청에서 정해주는 것보다 도움을 주고자 하는 사람이 능동적으로 찾고 선택하도록 하면, 도움의 보람을 더 많이 느끼고 지속성을 기대할 수 있다.

그래서 94년 초부터 「송파 한가족 돕기」사업을 시작하였다. 우선 불우 이웃 돕기의 대상이 되는 사람을 일제히 조사하였다. 관내 7개소의 종합 사회 복지관에 근무하는 사회 복지사와 동사무소에 근무하는 사회 복지 전문 요원 12명이, 한 달 동안 그 이웃을 방문하여 내용을 조사해 개인적인 신상을 파악하였다. 생활 보호법이 정한 생활 보호 대상 선정과는 달리, 법에서 정한 기준이 아니라 상담자가 스스로 조사하고 판단하게 하여 대상을 선정하였다.

대상자 관리 카드를 만들고 그들이 매일매일 살아가는 모습과 생계 수단, 왜 도움을 받아야 하며, 도움이 필요한 부분이 무엇인지, 가족 관계, 특기, 특별한 사항 등을 담은 『도움을 기다리는 송파 한가족』이라는 책자를 만들어 각 기관, 단체, 개인에게 배포하였다.

도움을 줄 사람은 이 책에 담은 사연을 보고 스스로 도움의 대상을 선택하여 통보하면 구청에서는 연결하는 일을 한다. 또 직접 도움을 주기도 한다.

> (전략) 다은이는 작년 말 지방에서 고등학교를 배정 받은 후, 가정에 불의의 사고가 겹쳐 고등학교 등록을 하지 못해 입학이 취소된 상태에서 (중략) 검정 고시 학원에 다니고자 하지만, 외할아버지의 취로 노임으로 네 식구가 겨우 생계를 유지하고 있는 실정입니다.
> 현재 보증금 150만 원에 월 10만 원의 셋방에 살고 있습니다.
>
> * 필요한 도움 : 교육비, 생활비, 학습 지도 및 심리 상담
> ―『도움을 기다리는 송파 한가족』 중에서

이러한 사연을 보면 다은이를 위해서 무엇인가 적극적으로 도와 주고 싶은 생각이 들 것이다. 직접 만나지 않더라도 공부를 열심히 하고 행실도 착실한 어려운 소녀를 연상할 수 있다. 그러한 동기를 갖고 도움을 주기로 결정하면 단순한 금전적인 것 이상의 인간 존중의 마음을 함께 주는 결과가 된다.

다만 이러한 방법을 택할 경우 도움이 편중될 우려가 있다. 예컨대 정박인 등 장애자에게는 도움이 덜 가고, 시설의 경우 대체로 고아원, 양로원에 편중된다. 그러므로 도움을 주는 분의 의견을 중요시하되 도움이 특정인에게 몰리는 경우, 그러한 사정을 얘기하고 다른 곳으로 알선하는 등 조정을 해준다. 또한 일회성으로 끝나는 것이 아니고 계속해서 도움이 필요한 부분이 치유될 때까지 도와 줄 수 있도록 유도한다.

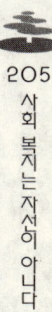

사회 복지는 자선이 아니다

현재 600가구의 도움을 기다리는 송파 한가족이 이러한 방법
에 의해 도움을 받고 있다. 이들에게 금전적으로 지원되는 금액
은 연간 약 4억 원이지만, 이러한 물질적인 도움 외에도 말벗 되
어 주기, 쇼핑 나들이 돕기, 목욕, 빨래 등 가사 보조, 무료 진료,
학습지도 등 다양한 형태로 지속적인 도움을 주고 있다. 1,800여
명의 후원자가 결연되어 돕고 있는데, 여기에는 교회 등 종교 단
체 105개소를 비롯하여 직능 단체, 법인 단체, 순수 민간 단체
등이 포함되어 있다.

　　어려운 이웃, 그들은 모두 송파 한가족이다. 가족이 가족을 함
께 걱정하고 돌보지 않으면 누가 돌보겠는가.

살림 잘하는 남자

철거하는 아픔

철거민, 그들은 거칠고 억세고 떼만 쓰는 그
런 사람들이 아니다. 생존의 한계 상황에서
절규한 것뿐이다. 철거도 좋지만 집을 지어주
려는 노력을 더 해야 한다. 그것이 정부의 의
무다. 올림픽까지 치르고 이제 1만 불의 선진
복지 사회라고 떠드는 판에. 행정은 법으로만
하는 게 아니다. 따뜻한 가슴으로 해야 한다.

88년 5월 비 오는 오후.

석촌동 백제 고분 복원 공사가 거의 끝나 가고 있을
무렵, 이곳에 강력하게 버티며 살아가고 있는 무허
가 건물 26동에 대한 철거 작업이 강행되었다. 그
동안 여러 차례에 걸쳐 철거하려고 했지만, 워낙 완강하게 저항
하고 외부 세력도 합세해 번번히 실패하고 말았다.

그날따라 구청 철거반과 맞서 싸워 줄 대학생 지원 부대도 보
이지 않았다. 경찰 1개 중대가 배치되고 힘 좋은 철거반원 100여
명이 들이닥쳤다. 올림픽은 코앞에 다가왔는데 더 이상 시일을
끌 수도 없고 반드시 철거하지 않으면 안 되었다. 예상 외로 저
항이 미미했다. 때도 때지만 철거 의지가 강하고 워낙 강력해서
버티기를 포기한 것 같았다. 철거반원들은 가구별로 세간 목록

사회 복지는 자선이 아니다

을 만들고 꼬리표를 붙여 일정한 장소에 질서 있게 운반한 다음, 조직적이고 능숙한 솜씨로 철거에 들어갔다.

그런데 아침부터 잔뜩 찌푸린 날씨가 그렇지 않아도 걱정이 되었는데, 약 절반 가량 철거했을 때 폭우가 퍼 붓는게 아닌가. 주민들은 빗속에 웅성대고 소리치고 가재 도구, 이부자리, 옷가지가 모두 젖어 도저히 눈 뜨고 볼 수 없는 형국이 되고 말았다. 아무리 정당한 국가 공권력의 발동이라고는 하지만 이와 같은 상황에서 사람을 비참하게 만들 수는 없었다. 철거당하는 사람이나 철거하는 사람이나 가슴 아프고 비참하기는 마찬가지이다. 급히 시장실에 전화를 걸어 당시 K시장에게 상황을 설명하고 철거를 중단하겠다고 보고한 후, 경찰과 철거반원들을 철수시켰다. 인정 많은 시장은 구청장이 판단하여 너무 무리하지 말라고 걱정해 주었다.

마침 학교를 마치고 돌아오는 어린 학생들이 영문도 모르고 부서져 내린 집 더미에서 이리저리 뒹구는 책이랑 노트를 챙기느라 우왕좌왕했지만 이미 모두 비에 젖어 버린 뒤였다.

오후 늦게 구청 회의실에서 사후 대책을 논의하고 있는데 성난 군중들이 몰려왔다. 지원 세력까지 합세하여 강력한 기세로 사무실로 들이닥쳤다. 우선 뒷문 통로로 몸을 피하라고 간부들이 권유하는 것을 한마디로 거절하고 성난 그들 앞에 다가섰다. 구청장이 구민들 앞에 당당하게 서서 공권력의 정당함과 불가피성을 설명하고, 한편 그들의 피해 상황이나 입장을 이해하려는 생각에서였다.

대화가 거의 불가능한 상황이었지만, 그 자리에 계속 거주하는 것은 불가함을 강조하고 비 때문에 연기한 것뿐이라는 점을 분명히 했다. 다만 어린 학생들의 책과 노트가 비에 젖어 못 쓰게 된 것은 잘잘못을 떠나 당장 새것으로 사주겠다고 약속했다.

돌아간 그들은 밤새 판잣집을 다시 지어 몇 집을 빼고는 철거 이전 상태로 돌아가고 말았다. 오히려 비를 피할 수 있도록 구청에서도 공사 현장 사무실 인부들을 동원해 지원해 준 형편이 되었다.

그날 저녁 나는 다음과 같은 시를 하나 썼다.

철거하는 아픔

철거하는 아픔이
당하는 아픔보다 더하랴마는
가슴 안고 통곡을 나누고 싶다

모두가 유허가로 세상에 나왔건만
어쩌다 무허가로
이리 쫓기고 저리 밀리나

왠지 모르고
어딘가 세상 기웃대며
이끌려 가는 소년

뒹구는 세간살이

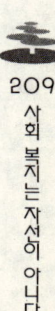

사회 복지는 자선이 아니다

하나님은 왜 비를 뿌려 공책을 적시는가
인생이 결국 비참한 모습 되게

철거하는 아픔이
당하는 아픔보다 더하랴마는
공감하는 공간에 함께 앉고 싶다
너를 나누고 싶다

그로부터 몇 달이 지나고 올림픽도 치렀다.

이 곳 판자촌도 평온을 되찾고 철거는 계속 엄두도 못낸 채 지내게 되었다. 그 해가 다갈 무렵 나는 그들 모두를 근처 음식점으로 초대했다. 아무리 정당한 법 집행이었다고는 하지만 비 오는 날의 철거가 계속 마음에 걸렸고, 내 개인적으로도 그들을 위로하고 싶었다. 또 지내다 보니 미운정 고운정도 들었다. 고함치고 대들 때는 섭섭하고 기분 나쁘기도 했지만, 그들의 순박한 면과 몇 가지 나의 작은 도움들에 대해 감사하는 마음 그리고 구청장은 적이 아니라는 인식의 변화는 점점 애정을 느끼게 해주었다.

20여 명이 식당으로 나왔다. 주물럭을 푸짐하게 대접하고 일어날 때 불고기를 더 시켜 포장해, 집에 돌아가 아이들에게 먹이라고 주었다. 이제 철거하는 구청장이 아니라 아픔을 함께 나누는 구청장이 되기로 마음 먹고 그들의 친한 이웃 아저씨가 되기 위해 노력하기로 했다. 결혼식을 못 올린 부부들을 위해 양복을 사 입히고 결혼식 주례를 서주는가 하면, 학생들 장학금을 지급하고 집안에 어려운 일이 생기면 도와 주곤 했다.

당시 석촌 동장이었던 K씨의 헌신적인 봉사와 노력은 지금도 잊을 수가 없다. 어느 날 철거민 대책 위원장이 찾아와 자신은 위원장 자리도 내놓고 아무 보상도 없이 그곳을 떠나겠다는 것이다. 전혀 예상밖의 그의 말에 귀를 의심하지 않을 수 없었다. 그처럼 따뜻하게 대해 주는데 무슨 낯으로 어떻게 버티고 사느냐는 거다. 얼마 후 그 곳에 살던 사람들은 아무 조건 없이 모두 떠나고 백제 고분 복원 공사도 마무리되었다. 다른 곳으로 이사 간 몇몇 사람들은 그 후에도 안부를 전해 오고 한동안 무슨 일이 있으면 오가곤 했는데, 아마 지금쯤 선량한 시민으로 열심히들 살아가고 있을 것이다.

철거민, 그들은 거칠고 억세고 떼만 쓰는 그런 사람들이 아니다. 생존의 한계 상황에서 절규한 것뿐이다. 철거도 좋지만 집을 지어주려는 노력을 더 해야 한다. 그것이 정부의 의무다. 올림픽까지 치르고 이제 1만 불의 선진 복지 사회라고 떠드는 판에.

행정은 법으로만 하는 게 아니다. 따뜻한 가슴으로 해야 한다.

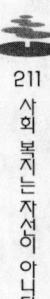

사회 복지는 자선이 아니다

세상 보여 주기

"손거울을 이렇게 가슴에 올려 놓으면 머리 위 창문 너머 파란 하늘이 들어오지요. 이렇게 늘 거울을 통해 세상을 본답니다."

서울 올림픽 준비에 한창 여념이 없던 88년 6월. 보훈의 달을 맞이하여 보훈 대상자 가정 방문을 하던 중, 하루는 36년간 방 안에 갇힌 채 누워 지내 온 잠실 2동에 사는 J씨를 찾았다.

하루 전에 연락을 받고 구청장이 온다고 빗질까지 한 깨끗한 모습으로 반갑게 맞이해 주었다. 대소변은 물론이고 몸을 옆으로 틀어 눕는 일까지도 불가능한 중증의 장애로, 세상을 오로지 반드시 누워 살아가고 있는 그의 표정이 밝은 것만 해도 참으로 장하다는 생각이 들었다.

세상은 온통 올림픽 준비로 떠들썩하고 특히 올림픽 대로와 한강 개발이 마무리 되고, 서울의 외진 변두리 송파는 천지 개벽이나 한 것처럼 도로, 공원, 경기장 시설, 신시가지 등 외국의 어느 도시 못지않게 훌륭하게 변했다.

그러나 그 긴긴 세월을 누워서 지내는 J씨에게 보이는 세상은 TV를 통해서 보이는 것뿐이다.

"늘 누워 지내는 양반이 무슨 모양을 그리 냅니까, 손에 거울까지 들고." 내가 핀잔 조로 말을 걸자, 그의 얼굴이 조금씩 어두워지며 나지막한 소리로 답변했다.

"손거울을 이렇게 가슴에 올려 놓으면 머리 위 창문 너머 파란 하늘이 들어오지요. 이렇게 늘 거울을 통해 세상을 본답니다."

아, 나는 그의 얼굴을 똑바로 쳐다볼 수가 없었다. 함께 간 부녀 회장도 구정 자문 위원도 할 말을 잃었다. 엄숙한 침묵만이 방을 가득 채우는데 부인이 차를 들고 비좁은 방에 들어와 겨우 숨을 쉴 수 있었다.

그렇구나. 그렇다면 이제 이들에게 세상을 보여 주자. 이 세상은 눈 뜨고, 팔다리 멀쩡한 사람들만의 것이 아닌데. 아, 하나님은 오늘 내게 또 좋은 것을 깨우쳐 주셨구나. 돌아오는 봉고차 안에서 중증 장애인들에게 「세상 보여 주기」운동을 벌일 것을 제안하자 5, 6명의 일행이 모두 찬성하며 봉사할 것을 다짐했다.

며칠 후 J씨의 아파트 앞에는 중형 버스에 봉사자 10명이 탔고, 앰뷸런스에는 만일에 대비해 간호사와 또 다른 3명이 들것에 J씨를 태우고 무려 36년만에 세상을 보게 되는 역사적인 행사가 시작됐다. 올림픽 공원을 둘러본 후 올림픽 대로를 달려 여의도 63빌딩에 올라가 아이맥스 영화와 수족관도 보고 시내를 다시 둘러보았다. 돌아올 때는 여의도에서 잠실 선착장까지 유람선을 타고, 롯데 월드로 가서 송파구를 다시 한번 한눈에 내려다보았다. 무려 7시간에 걸친 긴 외출이었다.

사회 복지는 장식이 아니다

동행한 한 분이 내게, "구청장님, 정말 고맙습니다. 장애인에게 세상 보여 준 것도 보람있는 일이지만, 저에게 장애인의 세상을 보여 주셔서 감사합니다. 적지만 사업에 써 주시기 바랍니다." 100만 원짜리 수표 한 장을 건네 받았다. 그 돈으로 후에 이 프로그램에 참여하는 장애인들에게 선물을 사 주었다.

한달쯤 지났을 때 J씨로부터 편지가 왔다.

'지금까지 제가 산 것이 참으로 다행이구나 하는 생각이 듭니다. 구청장님 덕분으로 뜻밖에 세상 구경을 했으니 이제 죽어도 여한이 없을 것 같습니다.'

그로부터 1년 후 내가 시청으로 자리를 옮겨 근무할 때 그가 세상을 떠났다는 말을 들었다. 아마 지금쯤 건강한 몸으로 더 좋은 세상을 마음껏 보고 즐기고 있으리라.

사례 또하나. 마천동에 사는 L이라는 28세된 청년은 16년째 두 다리를 쓰지 못하고 어두컴컴한 판잣집 골방에서 지내고 있는데, 일체 외부와의 접촉을 끊고 방 안에 있기만을 고집하는 특이한 사람이다.

하루 종일 기타를 치며 지낸다고 그의 어머니가 귀띔해 준다. 구청에서 실시하는 「세상 보여 주기」에 용케도 응하기로 했던 그가, 막상 우리 일행이 그의 방에 들어서자 주춤하며 후회하는 표정이다. 다시 달래고 편안한 마음으로 부담 없이 세상 나들이를 하자며 내가 등에 업었다. 워낙 몸집이 커서 허리가 끊어지는 것 같았지만 다른 봉사자들이 거들어 주어 가까스로 차에 태웠다.

마침 KBS-TV 기자가 따라 붙어 촬영을 하자 이 청년이 갑자기 차에서 내리겠다고 한다. 보도를 하려고 자신을 이용하는 것 아니냐고 화를 내며 항의한다. 그게 아니고 오늘 이 행사를 알고 언론에서 보도하려고 온 것이라고 사실대로 얘기해도 막무가내다. 그렇다면 나도 화를 낼 수밖에 없다.

"그래, 자네를 이용한다고 치자. 장애인에 대한 사회의 인식을 고쳐야 하는데 300만 장애인을 위해 이용 좀 당하는 것이 그렇게도 억울한가?"

어깨를 눌러 주저앉히자 아무 소리 못하고 다소곳해진다.

이틀 후 KBS 제2TV 「사랑방 중계」 시간에 그 날의 행사가 처음부터 방영되었다. 돌아오는 유람선에서 무표정했던 그의 얼굴이 크게 클로즈업되는데 두 눈에서 눈물이 흐른다. 그리고는 옆에 앉은 자원 봉사자에게, "오늘 나오기를 참 잘했어요. 그리고 지금까지 살아온 것도 참 잘했어요. 이런 선물을 주신 구청장님께 정말 감사해요."

밝은 표정으로 위로하는 자원 봉사자의 말도 들린다.

"제 남편도 두 손이 모두 없는 보훈 대상자예요. 그래도 우리는 늘 밝게 웃으며 살지요."

계속해서 눈물을 흘리며 강 건너를 바라보는 그의 얼굴이 커지며 화면이 그치자 20-30명의 방청객과 전택부 사회자가 일제히 박수를 친다.

"이번에는 이 훌륭한 일을 하고 있는 송파 구청 직원들을 위해서 다시 박수를 보냅시다." 사회자의 제안에 또다시 TV 속에 박수가 터진다.

이렇게 계속되던 「세상 보여 주기」는 여름과 겨울 그리고 날씨가 궂은 날을 빼고는 원칙적으로 매월 두 번씩 실시해 오다 한동안 중단됐었다.

사회 복지는 자선이 아니다

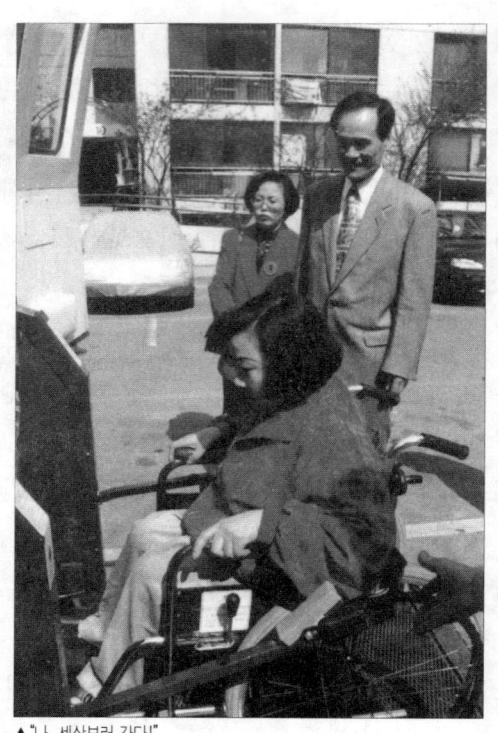

▲ "나, 세상보러 간다!"

　그러다가 93년부터 재개, 지금까지 매월 두 번씩 중증 장애인
에 대하여 세상을 보여주고 있다. 93년 송파 구청장으로 다시 부
임했을 때, L청년이 밝게 살고 있는지 찾으려 했으나 다른 곳으
로 이사했다고 한다. 지금도 가끔씩 그 청년이 궁금해지곤 한다.

　「세상 보여 주기」는 구청 기독교 신자들의 모임인 「신우회」에
서 주관하고 있는데, 장애인이 사는 동의 부녀 회원 중 2, 3명이
동행한다. 출발 전에 장애인 가정에 모여 인근 교회 목사를 초청
하여 기도를 부탁하는데, 물론 종교가 다르거나 본인이 거부하
는 경우에는 기도 절차를 생략한다. 구청장은 출발할 때까지만

함께한다. 청와대를 일반에 공개하고부터는 청와대 코스까지 넣어 시간도 길어지고 볼거리도 많아졌다. 초기에는 봉고차 2대로 매우 불편하였으나, 현대 아산 사회 복지 재단에서 장애인 세상 보여 주기용으로 특수 제작한 리프트가 달린 버스를 기증해 주어 아주 편하게 사용하고 있다.

장애인과 함께 보는 세상은 아름답다. 세상을 보는 장애인의 모습, 그것은 더욱 아름답다.

사회 복지는 자선이 아니다

장애인 운전 연습장

운영 시간은 월요일부터 금요일까지 매일 10시부터 오후 4시까지이며, 1기당 30명씩 하루 1시간, 총 10일 동안 운전 연습을 시키고 있다. 지난 1년 반 동안 430명이 운전 연습을 받았고, 그중 약 절반에 가까운 208명이 운전 면허를 취득하였다. 작년 가을에는 연습 대기 시간을 단축하기 위해 주행 코스를 1개 더 증설하고 차량도 2대 더 확보하였다.

누구나 장애인을 도와 주어야 한다고 주장하거나 긍정한다. 그러나 막상 자기 집 근처에 장애인 복지 시설을 지으려고 하면 펄쩍 뛴다. 이유는 간단하다. 집 값 떨어지고 아이들 교육상 좋지 않다는 것이다. 장애인 시설이 들어서는데 집 값이 떨어진다고 생각하는 것도 잘못이지만, 그러한 주장에 마음 약해지는 행정 당국도 문제이다.

그럼 어려운 이웃의 기본적인 권리는 어떻게 하란 말인가. 또 아이들 교육에 좋으면 좋았지 나쁠 게 무언가. 이웃에 있는 장애인을 도와 주고 그들의 어려움을 생각하고, 나의 건강한 생활에 대해 감사하는 마음을 갖는 것보다 산 교육이 어디 있는가.

장애인들의 불편한 몸과 행동을 업신여기거나 비웃는 마음을 갖는 사람에게는 조금도 교육적인 도움이 될 것이 없다. 이러한 사람들에게는 이 세상 그 무엇도 교육적인 것이 되기 힘들다.

지금 우리 사회에서 장애인이나 어려운 사람들을 위해 필요한 것은 금전적인 도움 이전에 그들을 내 형제로 이해하고 어려움을 함께 나누고자 하는 마음이다. 그리고 그들이 필요한 부분을 우선 순위를 가려 효과적으로 도와 주는 일이다. 장애인 운전 연습장을 만들어 운전 면허를 취득할 수 있도록 도와 주는 일은 그들에게 이동권을 보장해 주는 소중한 일이다. 다리를 만들어 주는 귀한 일이다.

2만여 평의 넓은 탄천 유수지는 1년에 4, 5일 정도 물에 차 있을 뿐 항상 텅 비어 있다. 여기에 4,000만 원을 들여 자동차 운전 연습 코스를 만들고 필요한 시설을 하여, 94년 9월부터 장애인을 위한 전용 운전 연습장으로 운영하기 시작했다. 아무리 간이 운전 연습 시설이라고는 하지만 아주 적은 예산을 들여 이 같은 사업을 할 수 있는 것은, 우리 사회에 뜻이 좋으면 힘을 모아 주는 훌륭한 사람들이 많이 있기 때문이다.

운전 연습장 시설 공사와 관련하여 인근 주민들에게 어느 정도 불편을 주는가를 조사하였고 강남 면허 시험장, 국립 재활원, 정립 회관 등으로부터 연습장 설치에 관한 자문을 받았다. 주행 코스, 관리 사무실, 이론 학습실, 위험 방지턱 등을 마련하고, 바닥 다짐 공사는 인근 지하철 공사장에서 나오는 잡석을 이용하여 예산을 절약하였다. 운전 연습용 자동차는 대우 자동차와 국민 체육 진흥 공단에서 3대를 기증해 왔으며, 운전 교육은 송파구 모범 택시 자원 봉사자 40명과 장애인 자원 봉사자 10명이 매일 교대로 봉사해 주고 있다.

운전 연습장이 장애인을 위해 별도로 생긴 것은 전국에서 처음 있는 일이다. 개장 소식이 알려지자 전국에서 장애인들이 몰려들었고 몇 달씩 기다려야 겨우 차례가 돌아오는 형편이 되었다.

운영 시간은 월요일부터 금요일까지 매일 10시부터 오후 4시까지이며, 1기당 30명씩 하루 1시간, 총 10일 동안 운전 연습을 시키고 있다. 지난 1년 반 동안 430명이 운전 연습을 받았고, 그 중 약 절반에 가까운 208명이 운전 면허를 취득하였다. 작년 가을에는 연습 대기 시간을 단축하기 위해 주행 코스를 1개 더 증설하고 차량도 2대 더 확보하였다.

지금까지 우리 나라에 장애인을 위한 특별한 연습장이 없었다는 것은 참으로 부끄러운 일이다. 자동차 운전은 국민 누구나 할 수 있는 일이므로 장애인들이라고 외면당할 수는 없다. 장애인일수록 이동 능력을 확보해 주어야 한다. 자유롭게 이동을 할 수 있으면 자신에게 알맞는 일을 쉽게 찾을 수 있다. 이를 보장해

살림 잘하는 남자

▲ 탄천 유수지에 설립한 장애인 운전 연습장. 모범 택시 자원봉사자들과 함께

주는 것이 사회적 도리이고 의무이다. 전국에 산재해 있는 운전 연습장에 장애인을 위한 교실을 만들고 특별한 배려를 해야 한다. 가급적이면 전용 연습장을 만들어 주는 것이 바람직하다. 먼 곳에서 이곳까지 올라와 여관이나 친척 집에 묵으면서 불편한 몸을 이끌고 운전 연습장을 다녀야 하는 어려움을 덜어 주어야 한다.

이곳을 거쳐 면허를 취득한 전국의 장애인들로부터 고맙다는 편지가 오고 있으며 그 때마다 보람을 느낀다. 작년에는 송파구에 거주하는 장애인 중 운전 면허를 취득했으나 막상 자동차가 없어 활동할 수 없는 8명에게 중고 자동차 한 대씩을 마련해 주었다. 한 사람당 300만 원이나 되는 큰돈을 지원하는 일이 쉬운 일이 아니지만, 그들에게 발을 만들어 주는 일이니 아까울 것도 없고 망설일 일도 아니다.

환하고 힘찬 모습으로 차를 몰고 구청 마당을 빠져나가는 그들의 뒷모습을 보며, 다시 한번 〈복지 송파〉를 다짐해 보았다.

장애인을 위한 기도

하나님
제가 이 달동네 장애자들을 위해 기도하는 건
저들이 장애자여서가 아니라
장애자가 될까 봐서입니다

눈뜨고 세상 보면
모두가 비뚤어진 장애자인데
몸 좀 불편한 것이 무슨 큰 장애입니까

더 큰 장애자가 장애자 보고 손가락질하고
강한 자가 약한 자의 신음 위에 사는 세상에서
저들을 구해 주소서

성채 같은 교회가 아니고
엄숙한 옷차림도 아니지만
저들 삶의 절규를 들어 주소서

천막집 찌그러진 풍금이지만
몸 틀어 외치는 기도 소리에
하나님 큰 귀 기울이소서

병든 사회에 혼자 튼튼하고
선택받은 착각에 으시대는 사람들
여기 못난 장애자가 있기 때문 아닙니까

하나님
저 찌든 얼굴 고통의 숨소리가
들으시기에 괴로우실지 모르지만
들어 주소서
들어 주소서

목발 짚은 구청 수위

송파 구청에는 장애인 공무원이 많다. 다른 구에 비해 두 배가 더 넘는다. 구청장이 채용할 수 있는 직위라면 가급적 장애인을 택하기 때문이다. 중요한 것은 그들을 동정해서가 아니라는 점이다. 그들의 일할 권리를 조금이나마 보장해 주고 싶다. 그것은 또한 사회 모두의 의무이기도 하다. 장애인 공무원들은 한결같이 그들의 몫을 잘해내고 있다.

송파구청 수위 보조 정정문 씨는 올해 36세 된 다리가 불편한 지체 장애인이다. 그래서 목발을 짚고 근무한다. 출근할 때마다 그의 거수 경례를 받으면 흐뭇하다. 오른쪽 팔꿈치를 조금 높이 드는 그의 서툰 경례 솜씨가 더욱 마음에 든다.

행정 관청의 수위가 장애인이라니? 수위나 청경을 채용할 때의 일반적인 기준은 키가 160㎝ 이상이어야 하고 사지가 완전한 신체 건장한 대한민국 남자로 되어 있다.

그는 17년 전 교통 사고로 다리를 다쳤는데 회복되지 못하고 결국 한쪽 다리를 쓸 수 없게 됐다고 한다. 그래도 열심히 살려고 늘 노력하고 표정도 밝다.

구청을 찾는 자동차가 많아지고 주차장도 점점 복잡해져 수위

사회 복지는 자선이 아니다

▲ 송파 구청에 오면 제일 먼저 만나게 되는 구청 수위 정정문 씨

보조를 한 명 더 채용하게 되었는데 장애인을 선택하기로 했다. 지체 장애인이 일반적인 수위 채용 기준에 해당될 리가 없다. 그러나 곰곰이 생각하고 따져 보자. 수위가 힘으로 하나? 눈과 귀와 입만 제대로 사용하면 목발 짚은 것쯤은 문제도 아니다. 왜 우리는 고정 관념에 사로잡혀 있을까.

과연 그는 수위 근무를 매우 잘하고 있다. 다리가 불편하니까 (불편하지 않은 사람도 그래야겠지만) 자주 의자에 앉아서 일을 한다. 밝은 얼굴로 친절하게 안내하는 그의 모습은 우리 구청을 더욱 환하게 한다. 그에게 구태여 수위 업무를 맡게 한 데에는 특별한 이유가 있다. 장애인도 수위직쯤은 얼마든지 할 수 있다는 걸 모든 이들에게 보여 주고 싶었다. 그리고 장애인들에게 작은 희망 하나라도 더 주고 싶었다. 그런데 그는 그런 일들을 썩 잘해내고 있다.

비단 정정문 씨만이 아니다. 송파 구청에는 장애인 공무원이 많다. 다른 구에 비해 두 배가 더 넘는다. 구청장이 채용할 수 있는 직위라면 가급적 장애인을 택하기 때문이다.

중요한 것은 그들을 동정해서가 아니라는 점이다. 그들의 일할 권리를 조금이나마 보장해 주고 싶다. 그것은 또한 사회 모두의 의무이기도 하다. 장애인 공무원들은 한결같이 그들의 몫을 잘해내고 있다.

목발 짚은 구청 수위, 그의 모습에서 복지 사회의 한 모습을 그리고 싶다.

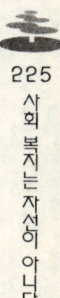

사회 복지는 자선이 아니다

자원 봉사 센터

봉사 정신과 봉사 방법에 관한 전문적인 교육
이 없으면 자원 봉사는 성공할 수 없다. 「송파
자원 봉사 센터」의 주요 사업은 봉사자 교육
이다. 교육받고 나면 봉사 정신이 투철해지고
남을 위해 일하는 것을 삶의 가장 큰 보람으
로 생각하게 된다. 그 다음으로 봉사 활동이
능률적이고 효과적으로 연결되어야 한다.

서울시 사회 과장으로 근무할 당시 연말에 사회 복
지 시설에 위문하려는 사회 지도층에 속하는 부인
들이 나에게 찾아와, 시설 안내와 필요한 도움에 관
해 상의한 일이 있다.

나는 서슴치 않고 중증 장애아 보호 시설을 소개하였다. 그 이
유로는 대개의 경우 고아원이나 양로원을 선호하고 장애자 시설
은 외면하는 것 같아서였다.

그들은 선물을 준비하였고 필요한 생필품 등 물건을 요구하면
더 추가하겠다고 했다. 한 분 한 분에게 갖고 있는 기능이나 전
문 분야에 대해 물었다.

약대를 졸업한 분에게는 의무실에 비치된 약에 대해 관심을
갖고 도와 주기를 권했고, 식품 영양학을 전공한 분에게는 주방

을 봐 달라고 했다. 한 분 한 분에게 임무를 주다가 영문과 출신에게 화장실 청소를 부탁했다. 전혀 의외라는 표정으로 자신의 귀를 의심하는 듯했다. 나는 분명하게 화장실 청소를 해달라고 다시 얘기했다. 중증 장애아들에게 영어 회화를 가르쳐 주라고 할 수는 없지 않는가.

지금 와서 말이 그렇지 당시 〈지체 높으신 분들〉사모님에게 변소 청소를 시키는 시청 과장이 도대체 제정신 가지고 그럴 수가 있겠는가. 여하튼 고마운 것은 그분들이 그대로 이행했다는 점이다.

선물이나 주고 머리 한 번 쓰다듬고 사진 찍고 오는 판에 박은 듯한 위문, 물론 그것도 고맙고 좋은 일이긴 하지만 좀더 깊이 들여다보고 애정을 주고 물건 이외의 도움을 함께 주는 것이 중요하다. 그 후에 그분들은 나에게 그러한 보람 있는 일을 안내해 줘서 정말 고맙다고 인사까지 했다. 일 시키고 인사받고, 그것은 진정한 도움이 무엇인가를 그들이 깨달았기 때문일 것이다.

이제 본격적으로 남을 위해 일하는 법을 배워야 한다. 학생은 학생대로, 주부는 주부대로, 노인은 노인대로, 장애인은 장애인대로 남을 돕는 방법을 배워야 한다. 어렵다고 남의 도움을 받기만 해서도 안 된다.

타인을 위해 도움을 줄 수 있는 부분들을 면밀히 생각하고 동원해야 한다. 요즈음 학생들이 자원 봉사를 많이 하고 있는데 으레 청소시키는 일뿐이다. 청소하는 일만이 학생들이 할 수 있는 자원 봉사 사업의 내용인가 의문이다.

깊이 생각하지 않고 안이한 방법으로 자원 봉사 사업을 운영하면 자원 봉사의 참뜻을 훼손시킴은 물론, 봉사하려는 의욕을 꺾고 이 사업을 활성화시킬 수도 없고, 봉사자들 스스로 외면하게 하는 결과를 초래할 수도 있다. 자원 봉사자 없이 어떻게 폭넓은 복지 서비스를 제공할 수 있겠는가. 진정한 복지 사회는 자원 봉사자가 가득 찬 사회다.

모든 복지 수단을 돈으로 해결할 수는 없고 또 그래서도 안 된다. 돈으로 해결하려다 많은 나라들이 복지 위기를 맞고 있다. 돈 말고도 동원 가능한 인적 물적 자원이 많이 있다. 그것을 동원하고 활용해야 한다. 그것은 쉬운 일이 아니다. 선물이나 들고 시설에 다닌다고 모두 훌륭한 봉사가 되는 것은 아니다. 오래 전부터, 정확히는 서울시 사회 과장 시절부터 자원 봉사자를 모집하고 교육, 훈련시켜 활용하는 전문 기관을 하나 만들어야겠다고 생각해 왔다. 자치 시대에 자원 봉사자들의 활용 영역은 더욱 넓어진다.

그리하여 「송파 자원 봉사 센터」를 설치했다. 우선 구민 회관 안에 사무실을 정하고 기본적인 업무를 시작하되, 앞으로 전용 건물을 하나 지어 대대적인 자원 봉사 사업을 펼칠 계획이다. 94년에 설치하려고 했으나 구청장 선거를 앞두고 사전 선거 운동 하는 것 아니냐는 어처구니없고 한심한 얘기들이 있어 선거 후로 미루었는데, 96년 국회 의원 선거와 또 연결돼 결국, 올해 6월이 되어서야 겨우 발족하게 되었다.

자원 봉사에 있어서 가장 중요한 것은 교육이다. 그래서 처음에는 「자원 봉사자 학교」라고 이름을 붙일 생각이었다. 「학교」라고 하면 그저 강의나 하는 곳으로 오해할 수 있어 관련 교수, 전문가들과 상의하여 이름을 바꿨다.

우선 관내 7개 복지관의 관장 및 전문가, 교수 등을 중심으로

살림 잘하는 남자

추진 위원회를 구성하고, 사무국을 먼저 설치하여 구체적인 기초 작업에 들어갔다. 뉴욕시 인구의 약 4%가 전문 자원 봉사자라고 하는데 나는 서슴없이 송파구의 경우 10%는 될 것이라고 말한다. 그러니 자원 봉사자로 적어도 7만 명 정도는 확보할 수 있다는 얘기다.

우리 나라 특히 서울 같은 대도시에서는 고학력 젊은 주부층이 중심이 된 훌륭한 봉사 인력 자원이 풍부하다. 실제로「녹색 어머니회」,「새마을 문고」등 많은 자원 봉사 조직에서 새로운 봉사 일꾼들이 뛰고 있다. 학생 봉사 자원과 새로운 주부 인력을 발굴해야 한다. 앞으로는 외국에서 보는 것처럼 우리 나라에서도 양질의 노인 인력이 봉사 자원으로 대거 등장하게 될 것이다. 그러한 부분에도 대비해야 한다.

풍부한 인적 자원을 발굴하면 곧바로 교육으로 연결되어야 한다. 교육 없이 봉사 활동을 하면 힘의 낭비가 많고, 봉사 정신의 결여로 계속하기가 힘들며 갈등이 생기기 쉽다.

흔히 자원 봉사라고 하지만 실은 약간의 수당을 생각하며 이에 가담하는 경우도 많으며, 사회적 지위나 명성, 대우를 받으려는 생각에서 적당히 윗사람으로서 얼굴 내미는 일이나 하려는 사람도 있다. 또 지위에 따라서는 전국구 국회 의원이나 다른 공직으로의 상향 이동을 기대할 수도 있다. 이러한 경우는 대개 봉사라기보다 봉사를 이용하는 것일 뿐이라고 혹평할 수도 있겠다. 다만 열심히 봉사하여 그 공으로 지위가 높아지는 것은 하등 나쁠 것이 없다. 그러므로 봉사하는 사람은 봉사를 열심히 하는 것으로 만족해야 한다.

자원 봉사는 자발적인 봉사일 뿐이다. 모두가 수직적이 아닌

수평적 관계이다. 다른 사람을 대접하려는 것이지 자신이 대접받으려는 것이 아니다. 나의 능력을 사회를 위해 나누어 쓰는 것이다. 그것은 참으로 숭고한 것이다. 봉사 정신과 봉사 방법에 관한 전문적인 교육이 없으면 자원 봉사는 성공할 수 없다. 「송파 자원 봉사 센터」의 주요 사업은 봉사자 교육이다. 교육받고 나면 봉사 정신이 투철해지고 남을 위해 일하는 것을 삶의 가장 큰 보람으로 생각하게 된다. 그 다음으로 봉사 활동이 능률적이고 효과적으로 연결되어야 한다. 이를 위하여 봉사 프로그램을 개발하고, 적재적소에 사람을 배치, 활용하여야 한다. 처음 활동 무대는 지역 사회에서 출발하겠지만 대폭 넓혀 가야 한다. 국내뿐만이 아니라 외국의 어려운 이들을 위해서도 인간애를 발휘할 수 있어야 한다. 사람이 최고의 가치로 인정되어야 한다.

　봉사 분야도 사회 복지에 국한할 필요는 없다. 요즈음은 사회 복지의 개념이 넓어지고 수준도 높아져 다양한 프로그램이 개발

살림 잘하는 남자

▲학생 봉사자와 주부 봉사자들이 자원 봉사를 하고 있다

되고 있다. 어려운 이웃에게 도움을 주는 일이 가장 기본적인 일이 되겠지만 환경, 문화, 체육 등 광범하고 다양한 자원 봉사 프로그램이 발굴되어야 한다. 그리고 자원 봉사자들에게 보람을 심는 일이 중요하다. 봉사자들의 봉사 시간과 내용이 컴퓨터에 수록되고 개인별 카드에 기록되면, 마치 은행 적금 통장에 금액이 올라가는 것과 같이 봉사 시간이 늘어나는 것을 재미있어 하고 자랑스럽게 생각한다. 일정 봉사 시간에 도달하면 상을 주고, 메달을 수여하며, 자축하고, 감사 서한을 보내는 등 기념 행사를 벌여 다양한 방법으로 보람을 느끼도록 배려해야 한다.

입학 시험이나 입사 시험을 보는 학생에 대해서는 구청장이 학교장이나 회사 사장에게 공문을 보내 사회 봉사 실적을 알리고 협조를 구하는 것도 좋은 방법이다. 자원 봉사란 반대 급부를 바라고 하는 것은 아니지만, 봉사를 하는 사람은 이 사회에 꼭 필요한 사람이며 공동 사회나 조직에 도움이 되는 사람이므로, 그들의 장래 활동을 돕는 일은 바람직하다. 앞서 말한 대로 봉사자의 자긍심을 높이고 봉사의 기쁨을 갖도록 하는 것은 자원 봉사 사업에서 가장 중요한 일이다.

그런 일을 하기 위해 「송파 자원 봉사 센터」를 만들었다. 과연 많은 분들이 봉사원을 자원하고 있고 자원 봉사의 뜻을 이해하고 있어 힘이 절로 난다. 그들의 고귀한 정신과 뜻을 살려 훌륭한 자원 봉사 조직으로 발전시키고 싶다. 그건 정치도 아니고 권력도 아니다. 돈도 아니고 오락도 아니다. 봉사일 뿐이다.

숭고한 뜻으로 시작되는 인간 존중의 자원 봉사 사업을 잘못 인식하고 있던 일부 사람들이 고개를 끄덕이며 함께 참여하는 날이 앞당겨지기를 바란다.

사회 복지는 자선이 아니다

음악으로 봉사하는 어머니들

「송파구 어머니 합창단」은 대회보다 연습 그
자체에 의미를 두고 주민들에게 노래로 봉사
하는 것을 보람으로 삼는다. 불우 시설을 방
문하여 어려운 이들을 위문하고, 관내 각종
행사에 참여하여 어머니의 따뜻한 노래를 들
려준다.

3년 전 서울시에서 주관한 서울시 어머니 합창단
경연 대회가 세종문화회관에서 있을 때였다.
당시 문정옥 합창 단장이 아무런 상도 타지 못해 몹
시 속상해 하면서 불평을 했다. 즉 각 구의 어머니
합창 단원 중에는 어머니가 아닌 성악 전공의 처녀들이 끼여 있
어 도저히 해 볼 도리가 없으니, 다음부터는 아예 출연하지 말자
는 것이다. 내가 얼굴을 아는 어느 구청의 합창단 중의 한 명이
내게 똑같은 하소연을 한다. 어머니들끼리 모여 열심히 연습해
서 여기 왔는데 프로급에 속하는 성악가들이 끼여 있으니 이게
무슨 뜻이 있겠느냐는 것이다.

 겨우 달래서 울적한 기분으로 돌아왔지만 생각해 보면 참으로
우습고 가치 없는 일이다. 중학생 축구 시합에 국가 대표 선수를

끼워 넣어 우승해 본들 그게 무슨 뜻이 있겠는가. 합창단원들 말에 의하면 좀 잘 부른다 싶은 합창단엔 으레 부정 선수가 끼여 있다는 것이다.

순수하지 않은 합창 대회는 다시는 참가하지 않는 게 좋겠다고 마음먹기도 했다. 그러나 다시 어머니들을 달랬다. 365일 중 우리는 364일을 즐겁게 연습하고 보람 있는 일을 하고 있으니까, 하루쯤 기분 잡치기로 작정하고 계속 참여하자고. 그 다음 해에 참가하여 대망의(?) 장려상을 받았다. 대상을 받은 것 이상으로 기뻐하는 어머니들을 보니 만일 대상을 받았더라면 졸도라도 할 것인데 다행이구나 하는 생각이 들었다.

「송파구 어머니 합창단」은 대회보다 연습 그 자체에 의미를 두고 주민들에게 노래로 봉사하는 것을 보람으로 삼는다. 불우 시설을 방문하여 어려운 이들을 위문하고, 관내 각종 행사에 참여하여 어머니의 따뜻한 노래를 들려준다. 어떻게 된 합창단인지 실제 경연 대회 때보다 위문 공연을 할 때 훨씬 더 노래를 잘 부른다. 나는 그것이 더 마음에 든다. 지난해에도 장려상을 당당히 획득했고 사기 충천하여 맹연습을 하고 있다. 그놈의 상이 뭐길래.

지난 3월에는 자매 도시인 뉴질랜드의 크라이스트 처치시에 공연을 가서 갈채를 받았다. 크라이스트 처치시는 뉴질랜드에서 세번째로 큰 도시이며 40여만 명의 인구를 가진 아름다운 도시이다. 그들은 3월 1일을 「한국의 날」로 선포하고 한국 교포들이 총출연하는 대대적인 야외 행사를 가졌다. 합창단원들은 물론이고 수천 명의 교민들이 한복을 입고 시내 퍼레이드를 벌이는 대축제의 날로 하루를 보냈다. 교민들의 기쁨과 긍지는 말할 것도

사회 복지는 자선이 아니다

없고 뉴질랜드 사람들이 한국 의상과 춤 등 문화를 이해하는 좋은 기회가 되었다.

송파구에는 또 「어머니 교향악단」이 있다. 70명으로 구성된 이 오케스트라는 기악을 전공했거나 다룬 경험이 있는 어머니들이 모여 옛날의 솜씨를 갈고 닦으며 틈틈히 사회 봉사를 하고 있다.

일반적으로 교향악단을 운영하자면 예산이 많이 든다. 내가 아는 어느 시의 교향악단에 관계되는 분의 말을 들으니 연간 약 10억이 소요된다고 한다. 「송파구 어머니 교향악단」의 연간 운영비 2000만 원 가지고는 입도 뻥끗할 수 없다. 그래도 우리는 훌륭하게 운영하고 있다. 이들은 처음부터 그 목적이 주민들에게 좋은 음악을 들려주는 봉사에 있기 때문에 다른 것은 문제가 되지 않는다.

특히 청소년들에게 좋은 음악을 들려주어야 한다. 유명한 음

살림 잘하는 남자

▲「송파구 어머니 교향악단」

악인들도 많이 있지만 어머니들이 연습하여 어머니의 사랑이 담긴 노래를 청소년들에게 들려 주어야 한다. 그래서 구태여 〈어머니〉 교향악단이다.

언젠가 이들이 연습하는 구민 회관 소강당에 찾아가서 한 말이 생각난다.

"지금 이 무대 위에 개구쟁이 어린이 한 명이 서 있고, 그를 위해 70여 명의 어머니들이 정성을 다해 음악을 연주하고 있다고 상상해 봅시다. 얼마나 멋진 장면입니까?"

청소년들은 각종 정서를 해치는 환경 속에 병들어 가고 있다. 그들에게 클래식을, 그것도 어머니들이 정성을 다해 들려 준다면 마치 시들었던 잎이 단비를 맞고 고개들 듯 밝아질 것이다.

나는 어머니 합창단과 교향악단을 사랑하고 늘 자랑스럽게 생각한다. 왜냐면 그들은 구청장이 할 수 없는 의미 있는 일을 하고 있기 때문이다.

사회 복지는 자선이 아니다

제5장 벌지 못하면 쓰지도 말라

쓸 줄만 아는 단체장, 누군들 못하랴
벌지 못하면 쓰지도 말라
아직도 버리지 못하는 중앙 집권적 의식,
생각을 바꾸지 않으면 자치제는 실패한다

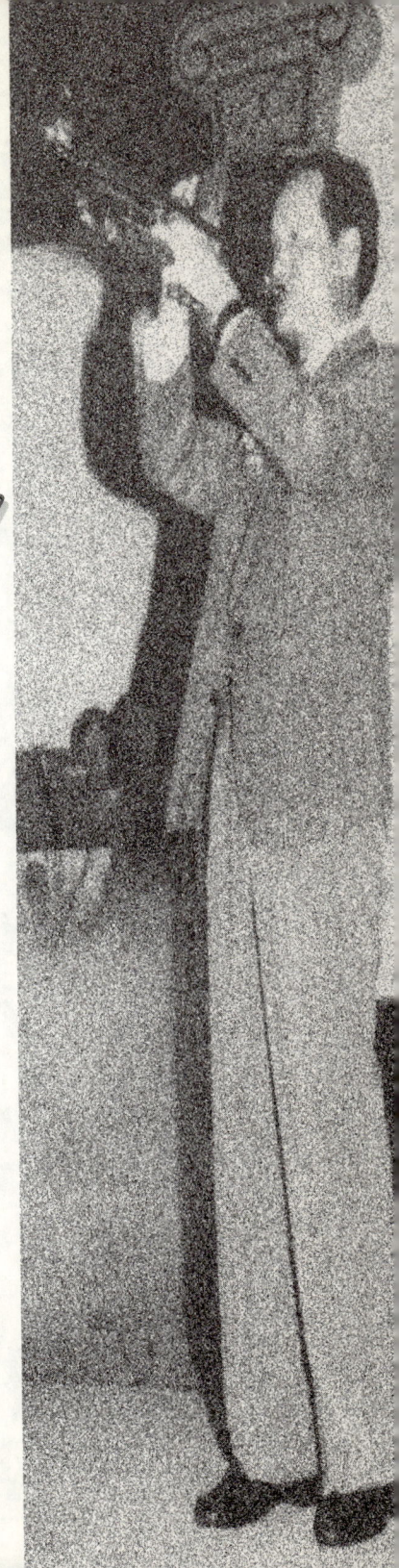

송파 개발 공사 설립

본격적인 지방 자치 시대를 맞아 주민의 다양
한 욕구에 대응하려면 경영 차원의 행정을 해
야 한다. 과감한 민영화로 행정 비용을 절약
하는 방안 등 수많은 경영적 측면의 검토와
사고가 필요하다.

 지방 공사인 「송파 개발 공사」를 설립했다. 공단을
설립한 곳은 있지만 공사는 아마 처음일 게다. 공사
는 단순히 시설 관리를 하는 공단과 달리 적극적인
수익 사업을 할 수 있다. 자치 단체도 이제 돈 좀 벌
자는 것이다.

행정 기관은 행정 사무를 보고 행정 서비스를 제공하는 곳인
데, 공사를 세워 돈 번다는 게 아무래도 걸맞는 것 같지 않다고
생각할 수 있다. 돈을 번다는 것은 적자가 나 돈을 잃을 수도 있
다는 것을 의미한다. 그러므로 선뜻 시행하기가 그리 쉬운 일은
아니다.

그래도 해야 한다. 본격적인 지방 자치 시대를 맞아 주민의 다
양한 욕구에 대응하려면 경영 차원의 행정을 해야 한다. 행정 사

무 비용을 절감하고 수익자, 원인자 부담 원칙에 의한 수익 증대를 꾀해야 하며, 행정 서비스의 수준을 더 높이고 재원 확충에 노력해야 한다. 이제 종전까지 당연시하거나 무감각했던 분야에 대해서도 세심하게 들여다보고 비용을 생각하고 수익을 계산해 봐야 한다. 점용료 한푼 내지 않고 영업하고 있는 노점상들, 가로등 전신주에 매달린 광고 표지판들, 아무나 주차하고 있는 공공 용지, 무료로 운영되고 있는 각종 시설이나 서비스 프로그램, 과감한 민영화로 행정 비용을 절약하는 방안 등 수많은 경영적 측면의 검토와 사고가 필요하다.

이와 같이 행정에 경영 마인드를 접목시키려는 첫번째 작업은 지방 행정 전반에 대한 시각의 조정으로부터 출발된다. 자치 단체는 행정 주체인 동시에 경영 주체로서 변신해야 하며, 주민을 단순히 행정의 대상이 아니라 행정이라는 서비스 상품을 팔기 위한 고객으로도 생각해야 한다. 행정 관청의 경영은 서비스라는 상품의 가치 규정이 쉽지 않으므로, 스스로 한계성을 가질 수밖에 없다. 따라서 공공성을 견지하면서 수익을 늘릴 수 있는 방안을 찾아야 한다. 여기에서 필요한 것이 첫째, 내부적으로 인력 진단, 예산 절감 등 관리의 효율화, 경영적 조직 개편 둘째, 공기업 형태의 법인체를 만들어 적극적인 수익 사업을 활성화하는 것이다.

현재 시행하고 있는 것으로 예컨대 구청 주차장 운영, 구민 회관 임대 및 사용료, 고쳐 쓰기 센터 운영, 국유 재산과 시유재산의 임대, 아파트형 공장 임대, 노상 주차장 민간 위탁, 공원 토지 점용, 공원 매점 위탁, 테니스장 위탁, 공원 주차장 위탁 등이 있다. 그러나 보다 더 전문적이고 공격형 경영 사업을 할 필요가

240
살림 잘하는 남자

있다. 이를 위하여 기획 예산과 안에 「경영 사업계」를 두어 체계적인 경영 수익 사업 개발과 지원 체계를 갖추고 우선 「송파 개발 공사」를 설립하여 본격적인 작업에 들어갔다.

대부분이 공사가 아닌 공단을 떠올릴 것이다. 그러나 현재 구청에서 하고 있는 관리 분야가 아닌 수익 사업을 하려면 공기업 형태인 공사이어야 한다. 공사로 추진하되 자신 있는 사업, 수익이 확실한 사업을 선정하여 운영의 안정성을 기하고, 초기에는 최소 인원으로 출발하여 사업 확장에 따라 단계적으로 늘려 나가기로 했다.

구행정에 있어서 눈을 돌리면 수익을 올릴 수 있는 사업이 많이 있다. 예컨대 공공 시설물에 대한 무료 이용이 대부분인데 이를 고쳐 나가야 한다. 지방 자치 단체에서 운영하는 도서관, 회관, 강좌, 체육 시설, 결혼 예식장, 주차장, 광고물 등은 전액 무료이거나 받는 경우에도 극히 일부분만을 받고 있을 뿐이다. 이와 같은 관례나 제도는 서서히 바뀌어야 하고 경영 행정이라는 관점에서도 개선되지 않으면 안 된다. 뿐만 아니라 주민의 입장에서도 무료에서 유료화로 가는 것이 현재 세계적인 추세다.

송파 개발 공사는 단순히 수익을 올리는 것 이상의 경영 합리화를 모색한다는 점에서도 바람직한 조직이다. 송파 개발 공사는 지난 6월 내무부로부터 인가가 되어 조직, 인선 등 구성과 구체적인 사업 계획에 들어갔으며, 96년 하반기부터 경영 사업을 구체화해 나가고 있다.

지난 8월 1일부터 문을 연 송파 개발 공사는 현재 공공 시설물을 이용한 광고 수입, 이면 도로 주차장 유료화 등 14건의 단기 사업 과제와 복합 건물을 신축하여 유료 체육 시설, 결혼 예식장

벌지 못하면 쓰지도 말라

운영 방안 등 17건의 사업을 검토하고 있다. 그와 함께 세외 수입 분야의 유휴 자금을 활용한 이자 수입 7건 등 40여 건의 수익 사업에 대해 그 실효성 및 타당성을 검토중이다. 그 사업 내용에 따라 어느 것은 행정 조직을 활용하거나 제도 개선으로 가능하고, 또 어느 것은 지방 공사로 하여금 적극적인 운영을 하게 하고 있다.

이제 돈을 벌지 못하는 자치 단체는 쓰지도 못한다. 한편, 지방 자치 단체가 주민을 위한 양질의 서비스를 제공하고 지역을 발전시키려면 재정 형편이 좋아야 하는 것은 틀림없지만, 돈 번다고 오히려 주민에게 불편을 가져다 줄 수도 있다. 이것 또한 경계해야 할 일이다.

송파 개발 공사의 설립도 결국은 주민 복지를 증대시키기 위한 것이 그 목적이고, 돈을 벌겠다는 것은 수단에 불과하다는 점을 잊어서는 안 된다.

관청에서 짓는 골프 연습장

적재적소에 활용할 수 있는 자원이 된다면 충분히 이용하여, 사회 복지 시설 등 이웃을 위해 쓰여져야 한다.

 구청에서 골프 연습장을 만든다고 하니까 우선 각 언론에서 야단이다. 골프 잡지 같은 데서는 무슨 큰 이변이라도 일어난 양 큼직한 기사로 취급한다. 그도 그럴 것이 골프라고 하면 특수한 사람들이나 하고 공직자들이 골프를 치면 무슨 죄인 취급이라도 당하는 느낌이니, 관청에서 이런 운동 시설을 한다고 하니 〈괴이한〉 일이 아닐 수 없다.

유수지 펌프장은 넓은 면적인데도 여름 장마철에만 며칠간 물을 담는 기능을 담당하고 있다. 여기에 그물을 치고 골프 연습장을 만들어 임대하면 잠실 펌프장의 경우 연간 약 5억 이상의 수익을 올릴 수 있다. 이 돈을 사회 복지 시설 등 어려운 이웃을 위해 쓸 수 있다면 망설일 이유가 없다고 본다. 그래서 하자는 것

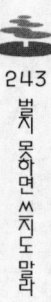

복지 못하면 쓰지도 말라

뿐이다. 골프가 좋은 운동이므로 이를 보급하자는 것도 아니요, 연습장이 부족해서 골프를 배우려는 사람들이 어려움을 겪고 있으니 이들을 위해 설치하자는 것도 아니다. 국민 체육 진흥을 위함도 아니다. 그저 놀고 있는 땅을 활용하여 체육 시설도 제공하고 수익도 올리자는 것이다. 누구도 손해보는 사람은 없다. 다만 골프를 싫어하는 사람들은 무관심하거나 반대할 것이고, 인근에 사는 사람들은 교통난이나 소음 때문에 반대할 수도 있다.

그렇다면 골프 연습장이 들어섬에 따라 일어날 수 있는 문제를 하나하나 해결하면 된다. 우선 설치되는 위치를 주택가에서 떨어지게 조정하고, 주차장 입구를 밖으로 조정하여 도로 기능이 위축되지 않도록 한다. 그러고 나면 남는 문제는 높이 둘러처진 그물망의 모습이다. 그건 모양 사납지 않게 하는 것 말고는 근본적으로 방법이 없다. 즉 아무리 잘해도 없는 것만은 못하다.

다음 가장 중요한 것은 유수지 본래의 기능에 지장을 주어서는 안 된다. 골프 연습장 때문에 담수 능력이 저하되거나 유수지를 운영하는 데 문제가 생긴다면 그건 어떠한 경우라도 설치할 수 없다. 그런데 우선 담수 능력에 전혀 지장을 주지 않는다. 잠실 유수지 저장 능력 24만㎥ 중 철탑이 차지하는 공간을 모두 계산해 보면 15.2㎥에 불과하다. 법적으로도 구청장이 이와 같은 시설을 할 수 있도록 되어 있다.

그렇다면 이 사업은 추진하는 것이 좋다는 결론에 도달한다. 이러한 시설을 해 놓으면 바로 그 운영이 문제가 되는데, 전문 경영인으로 구성된 지방 공사를 설립하면 큰 문제가 없을 것으로 생각되었다. 그리하여 전국 지자체에서 처음으로 지난 7월 1일자로 지방 공사를 설립하였다. 지방 공사는 관리 공단과 달리 독자적으로 수익 사업을 벌일 수 있다. 그렇다고 주민 복리를 위하고 공익 우선의 정책을 추진해야 할 행정 관청에서 재정 자립도를 높인다고 돈벌이에만 혈안이 되어서도 안 된다. 돈을 벌고자 하는 목적 자체가 주민들을 위한 서비스 행정을 높이고자 하는 데 있음을 한시라도 잊어서는 안 된다.

행정 기관이 수익 사업에 너무 혈안이 되면 천박한 행정이 될 우려도 있다. 골프 연습장을 마련함으로 해서 수익이 들어오면 그 돈으로 어려운 이웃을 돕는 일에 값 있게 쓰고, 폭발적으로 증가하는 골퍼들에게 부족한 골프 연습 장소를 제공하게 되니 모두에게 좋은 일이다. 관청에서 짓는 골프 연습장, 어딘가 생소하고 어색한 느낌이 들지만 본격적인 지방 자치 시대에는 당연히 이와 같은 경영 행정이 이루어져야 한다.

그런데 막상 추진하자니 문제가 생기기 시작했다. 처음에 유수지에 골프 연습장을 설치하는 것은 유수에 지장을 주지 않는 한 문제가 없다고 의사를 밝힌 주무부처에서 그 후 무조건 시설을 할 수 없다고 공문을 보내 왔다. 서울시에서도 관련되는 부서들이 처음에는 아무 문제 없는 것으로 구청장이 알아서 할 일이라고 하더니, 이미 공사 입찰하고 착공한 후 뒤늦게 절대 안 된다며 기자 회견을 하고 법석이다.

이미 4억의 선급금까지 지불하고 착공한 마당에 진퇴양난이다. 이럴 줄 알았으면 처음부터 공문으로 또박또박 받아 놓을걸. 아니면 포기하든지. 아무 문제 없고 또 공지를 유효하게 활용하는 좋은 아이디어라고 칭찬까지 하는 바람에 그냥 일을 추진한 것이 실수라면 실수다. 물론 법의 심판을 받을 수 있고 또 당연히 이길 수도 있다. 처음에는 그렇게 대응하려고 단단히 마음도

버지 못하면 쓰지도 말라

먹었다. 그러나 골프 연습장을 놓고 그렇게까지 결사 항전하고
싶지는 않다. 또 거의 범정부(?) 차원에서 저지하는 일에 맞설
힘이 구청장에게는 없다.

지금도 계속 의문은 남는다. 처음에는 반대하지 않더니 왜들
나중에 가서 그토록 반대를 할까? 또 만약 테니스장 같은 다른
운동 시설을 한다고 해도 그처럼 반대했을까?

재정난에 허덕이는 서울 구청들

서울은 재정 자립도가 다른 지방보다 높고 부자로 취급되고 있다. 그러나 그것은 속빈 강정이고 구의 경우에는 거의 빈털터리이다. 빈약한 재정으로는 빈약한 자치를 할 수밖에 없다.

얼마 전에 서울의 구청장들이 모여 의논한 끝에 돈은 주지 않고 업무만 넘겨 준 국가 위임 사무 처리 비용으로, 97년에 969억 원을 국고 보조금으로 지급하라고 요구한 일이 있다. 이에 대해 재정 경제원은 '국가는 지방 교부세, 양여세, 국고 보조금 등의 형태로 각 지방 자치 단체에 포괄적인 재정 지원을 하고 있는 만큼 서울시 구청들의 요구는 들어 줄 수 없다'고 거부했다고 한다.

구청장 협의회에서는 '국고 보조나 세외 수입 등 중앙 정부에서 제공받는 각종 지원금을 감안하더라도, 위임받은 국가 업무 처리에 연간 1000억 원 가까운 비용을 자치 단체에서 부담하고 있으므로 마땅히 이를 중앙 정부가 지불해야 한다'고 주장했다.

일을 맡기면 비용을 함께 주어야 하는 것은 당연하다. 그러나

벌지 못하면 쓰지도 말라

그렇지가 않다. 중앙의 업무를 지방 자치 단체에 과감히 이양한다고 해 놓고 사실은 지방의 부담을 무겁게 하고 있다. 흔히 서울은 재정 자립도가 다른 지방보다 높고 부자로 취급되고 있다. 그러나 그것은 속빈 강정이고 구의 경우에는 거의 빈털터리이다. 재정 자립도가 높은 구라고 해 봐야 제법 그럴 듯한 사업 하나 해 볼 수가 없다. 그저 상대적으로 조금 낫다는 것 뿐이다. 빈약한 재정으로는 빈약한 자치를 할 수밖에 없으며, 지방의 빈약한 재정 실태를 제도적으로 유지하려고 한다면 이는 사실상 지방 자치를 포기하는 것이나 마찬가지이다. 더구나 서울의 경우 시세와 구세가 지나치게 불균형하여 구 행정을 어렵게 하고 있다.

지방의 도세道稅는 6개 세목(취득세, 등록세, 면허세, 경주마권세, 공동 시설세, 지역 개발세)이고, 시군세는 9개 세목(주민세, 재산세, 종합 토지세, 자동차세, 도축세, 농지세, 담배 소비세, 도시 계획세, 사업소세)이다. 이에 비해 서울 특별시세는 11개 세목(취득세, 등록세, 주민세, 자동차세, 농지세, 담배 소비세, 경주마권세, 도축세, 공동 시설세, 도시 계획세, 지역 개발세)이고, 자치구세는 단 4개 세목(재산세, 종합 토지세, 면허세, 사업소세)에 불과하다. 또한 지방 자치 단체가 부과 징수하는 시·도세의 기초 자치 단체에 교부하는 징수 교부금의 비율도 시·군의 30/100, 인구 50만 명 이상의 시는 50/100인데 반해, 서울의 자치구는 3/100에 불과하다.

서울시나 국가에서 위임한 사용료, 수수료, 부담금의 징수 교부율도 아예 한푼도 없는가 하면, 10%에서 50%까지 원칙 없이 들쭉날쭉이다.

예컨대 국가 위임 사무의 징수 교부율을 보면 환경 개선 부담금은 10%, 택지 초과 소유 부담금은 15%, 국유 재산 매각 수수료는 20%, 국유 재산 임대 수수료는 30%, 하천 점용료는 50%, 위생업소 과징금 0%이다. 내국세 총액의 13.27% 해당액을 자치 단체에 교부하는 지방 교부세도 일반 시·군·구에만 교부하고 서울시 자치구에는 교부하지 않고 있으며, 지방 양여금도 시·군·구·광역시의 자치구에는 지원하지만 서울의 자치구에는 지원되지 않는다. 그러므로 서울의 자치구는 빈털터리가 되어가고 있으며, 설상가상으로 서울시에서 별도로 시세 사무소를 설치하여 시세를 직접 징수하겠다니 도대체 자치를 하겠다는 건지 말겠다는 건지 모르겠다.

시세 사무소를 설치하면 자치구 수입은 16% 감소한다. 서울의 자치구와 다른 지방과 예를 들어 비교해 보면, 경남 창녕군은 96년 일반 회계를 기준으로 할 때 1인당 153만 9000원으로 송파구의 8.6배나 된다. 또 경남 하동군은 1인당 94만 2000원으로 송파구의 5.3배이다. 우선 앞에서 본 대로 세목에 있어서 9 : 4의 현격한 차이가 나므로 이와 같은 불균형 현상은 필연적이다.

한편 서울시 자치구간에도 교부금 등의 차등으로 불균형이 초래되고 있다. 송파구의 경우 96년 일반 회계 기준으로 1인당 예산은 17만 8000원으로, 서울시 자치구 평균 22만 5000원에 훨씬 못 미치고 있으며 25개구 중 22위에 해당하는 형편이다. 지방세 과세 자주권을 보다 넓게 인정하고 시세의 구세 전환이 하루 속히 이루어져야 한다.

이런 식으로 계속 나간다면 서울시는 특별 교부금, 보조금 등 재원 배분을 이용해 자치 단체를 마음대로 명령하고 관리하겠다

벌지 못하면 쓰지도 말라

는 의도를 가진 것으로밖에 볼 수 없다. 그러면서도 서울시는 툭하면 업무 지시를 하면서 사업 비용은 각 자치구에서 부담하라는 공문을 수시로 보낸다. 예컨대 특정직에 종사하는 공무원을 해외 연수 보낼 테니 여행비를 부담시킨다든가, 특정 직능 단체를 지원하되 비용은 자치구에서 부담하라는 것 등이다. 뿐만이 아니다. 각종 구세 감면 항목을 늘려 가고 있어 구 재정은 더욱 고갈되어 가고 있다.

이를 테면 구세 감면 대상으로 국가 유공자 보유 부동산, 차량에 대해서는 재산세, 종토세, 면허세를 감면하고, 지정 문화재 보호구역내 부동산에 대해서는 재산세와 종토세를, 주차 전용 건물 운영과 부동산에 대해서는 재산세, 종토세, 사업소세를, 공공 용지 편입 사권 제한 토지에 대해서는 종토세의 50%를, 60㎡ 이하 임대 주택 사업자에게는 재산세 50%와 종토세를, 지방 공사(가락동 농수산물 시장)에 대해서는 재산세, 종토세, 사업소세를 각각 감면하고 있다. 이처럼 감소되는 세입 금액이 95년의 경우 90억 원이나 된다.

이런 식으로 자치구의 목을 조이면 가히 고사될 수밖에 없다. 게다가 금년부터 자치구를 평가하여 그 성적에 따라 재원을 배분, 지원하겠다는 발상은 지방 자치에 대한 섬멸 작전이라고밖에 볼 수 없다. 재정난에 허덕이는 서울의 〈자치구〉들, 그들을 〈의존구〉의 늪에서 언제까지 허덕이게 할 것인가.

종토세와 담배 소비세를 바꾸려는 발상

> 서울시는 자치구를 통제의 대상으로 생각하지
> 말고 조정과 지원의 대상으로 생각해야 한다.
> 예산의 낭비 요인을 줄이고 스스로 절약하고
> 돈을 버는 방법을 찾아야 한다.

고집이다. 그건 황소고집이다. 구세인 종합 토지세와 시세인 담배 소비세를 서로 바꾸겠다고 되지도 않는 소릴 계속하고 있으니 고집이 아니고 뭔가.

굉장한 소신이고 정의인 양 싶지만 그건 역시 고집이다. 칼자루 쥐고 있으니까 서울시나 중앙에서 하자고 하면 할 것이지만, 그건 큰 잘못을 저지르는 것임을 알아야 한다. 우선 재정적으로 돈이 어떻게 공정히 배분되고 균형 발전을 도모하고 어쩌고 하기 전에, 지방 자치 정신에 정면으로 도전하는 것이며 지방 자치를 부정하는 것이다.

첫째, 종합 토지세는 해당 지역 주민의 기본 재산과 관련되는 세이다. 지방 자치는 왜 하는가. 지역의 기본권인 재산을 지키고 그 재산으로 그 지역을 발전시키는 것이 기본이다. 그런데 강남

벌지 못하면 쓰지도 말라

의 재산으로 강북 어느 구의 지역 발전을 위해 쓰겠다는 것이다. 잘사는 사람들이 못사는 사람들을 도와 주지 말자는 것이 아니다. 세목에 문제가 있다는 것이다. 어려운 구에 얼마든지 도와주는 것은 좋은데 왜 하필이면 지역 기본 재산인 종토세인가 하는 점이다.

95년의 서울시 전체 세입을 보면 시세가 3조 2213억 원인데 비해 구세는 7460억 원으로, 시세의 23.2%에 불과하다. 즉 구세의 4배 이상이나 되는 세입을 시세로 하여 얼마든지 도와 줄 수 있는 시재원이 있는데, 구태여 자치제 기본 이념이나 틀까지 흔들어가며 종토세를 가져 가려 하는가.

둘째, 종토세를 시세로 전환할 것을 주장하는 몇몇 어려운 재정 형편에 있는 구청장들의 입장을 이해하지 못하는 것은 아니지만, 교환을 주장할 것이 아니라 담배 소비세의 구세 전환을 주장해야 한다. 자치구 재정의 인위적인 하향 평준화를 주장하는 것은 결국 제살 뜯어 먹는 격이다. 국세를 시세로 전환하고 국가로부터의 지원을 제대로 받아내려는 노력은 하지 않고, 겨우 한다는 게 좀 나은 구의 재산을 뜯어 어려운 구에 주겠다는 서울시의 발상은 졸렬하기 짝이 없다.

서울시 전체의 92년 종합 토지세가 2494억 원이던 것이 95년에는 4164억 원으로 크게 늘어난 반면, 시세인 담배 소비세는 같은 기간 4220억 원에서 4046억 원으로 감소하는 추세에 있다. 현재 어려움이 있어도 재산 가치는 계속 증가하기 마련이다. 더구나 사회 전반적인 금연 운동으로 담배 소비세는 계속 감소할 것이 뻔하다. 송파구의 경우 95년 종합 토지세 320억 원에 비해, 담배 소비세는 220억 원으로 약 100억 원의 차이가 있다. 교환하면 당장 타격을 받는다.

셋째, 인위적인 지역 평준화가 과연 올바른 생각인가 하는 점이다. 송파구는 송파구의 수준과 욕구가 있고, 다른 구는 그 구대로 특성과 욕구가 있다. 이를 위해 구청장들은 노력하여 계획을 세우고, 시스템과 프로그램을 개발해 욕구를 충족시키고 발전시켜 나가는 것이다. 남의 집 담 넘겨다 보며 돈 달라고 하기 이전에 스스로 노력해야 한다. 그래도 모자라면 서울시에서 조정 교부금 등으로 충당해 주어야 한다.

시민의 입장에서도 그렇다. 미국의 비버리힐즈에 사는 시민은 세금을 많이 내는 대신 골목마다 경찰이 지켜 주고 쾌적한 주거생활을 누린다. 그리고 세금을 많이 낸다는 자부심과 사회의 존경심 속에 산다. 세금을 많이 내는데도 불편하고 부당하게 산다면 그것이 정당한 것인가.

거듭 밝히지만 자치제의 본질을 저해하면서까지 종토세와 담배 소비세를 교환하는 것은 발상부터 비민주적이고 반자치적이다. 자치구의 재정이 안정되고 예측 가능해야 나름대로 장기 발전 계획을 세우고 추진해 나갈 수 있는 것이다. 구세를 시세로 바꿔 돈 끌어 모아 곶감 빼 주듯이 나누어 주면 중앙에서 큰소리칠 수 있을지 모르지만, 그건 정상적인 자치제가 아니다.

이를 주장하는 구청장들도 그렇다. 자신이 구청장 출마할 때 그곳 구의 형편 다 알고 했을 테고, 당선되면 구를 어떻게 발전시킬 것인가 나름대로 생각했을 것이다. 당선된 후 다른 구의 기본 재산을 기웃거리며 〈사회적 형평성〉이니 〈사회 정의〉니, 심지어 지금까지 강남쪽에 개발 투자하여 잘살게 됐으니 당연히 그곳 재산을 나누어 쓰자는 주장이라면, 그건 위험천만한 사고

벌지 못하면 쓰지도 말라

방식임을 알아야 한다.

　예산의 낭비 요인을 줄이고 지역 특성에 맞는 도시 계획, 세원 발굴, 각종 사용료, 수수료, 점용료의 발굴 그리고 적극적인 수익 사업을 벌여 스스로 절약하고 돈을 버는 방법을 찾아야 한다. 서울시는 자치구를 통제의 대상으로 생각하지 말고 조정과 지원의 대상으로 생각해야 한다. 그리고 어떤 경우에도 항상 기본과 원칙은 지켜져야 한다.

제6장 구청장 사회학

임명직 때는 8시간 구청장,
민선 때는 24시간 구청장,
구청장이 땀 흘려야 시민이 편안하다
인기에 집착하면 일도 잃고 인기도 잃는다

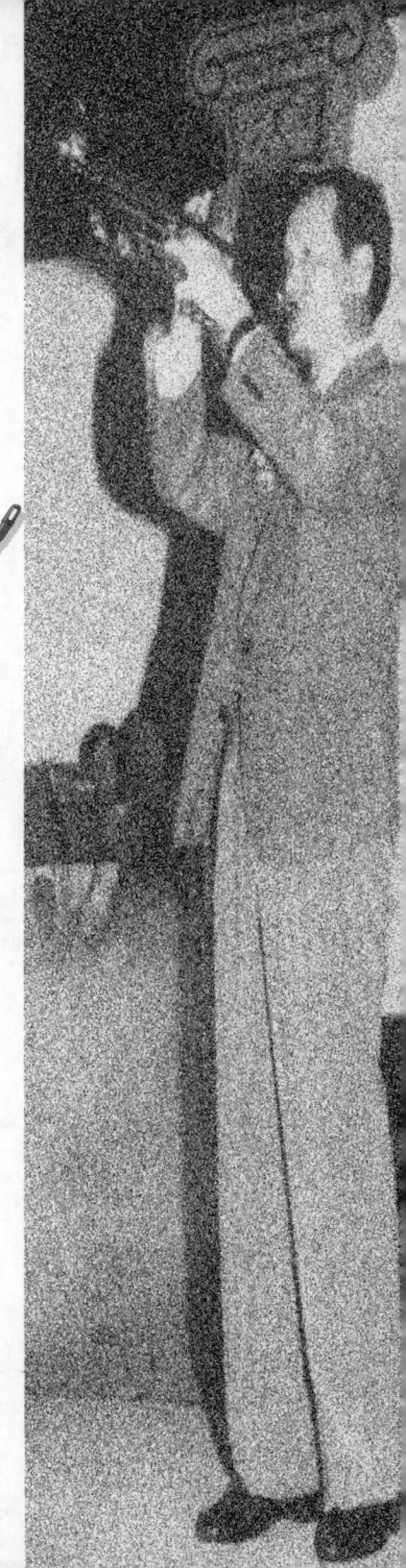

트럼펫 부는 등대지기

「등대지기」, 트럼펫을 불며 나 자신이 등대지기처럼 외롭다는 생각이 들었다.

망망대해 어둠 속 거친 파도를 헤쳐 온 조각배에게 등대가 비춰 주는 작은 불빛은 얼마나 반가울까. 그때 등대지기가 트럼펫이라도 불어 준다면 얼마나 반갑고 멋질까. 몇 해 전 어둠에 묻힌 울릉도에 도착하면서 해 보았던 상상이다.

나는 트럼펫을 좋아한다. 잘 불지는 못하지만 그저 좋아한다. 올림픽이 열리던 해 송파구가 강동구로부터 분리 창설되던 때, 강동 구청에서 송파 구청장 요원으로 근무하면서부터 틈틈이 불어 왔다. 요즘엔 트럼펫보다 섹스폰을 더 많이 불지만 역시 트럼펫이 좋다. 트럼펫은 우선 정열적이다. 시원하다. 탁 트인다. 땀을 흘려야 한다. 소리가 빽빽거리고 시끄러우면서도 잔잔하고 가끔씩 슬퍼지기도 한다. 도시에서 나팔 불 만한 형편이 안 돼

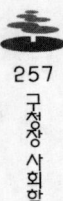

방 안에서 소음기를 끼고 불자니 늘 답답하다. 그래서 휴가 때는 강원도 산속에 들어가 마음놓고 불어 본다.

　사람들 앞에서는 별로 불지 않는다. 그냥 나 혼자 죽이 되건 밥이 되건 즐길 뿐이다. 그런데 지난 6월 송이 열린 음악회에서 엉성하게 분 일이 있고, 지난해 민선 구청장 선거 정당 연설할 때 감히 청중들 앞에서 불었다. 곡목은 「등대지기」. 선거 유세한다고 연설 들어봐야 꽥꽥 소리나 치고 피곤할 텐데, 따가운 햇빛 아래서 들어 주는 유권자들에게 나팔 부는 것으로 보답하고 싶었다.

▲ 송이 열린 음악회에서 트럼펫을 부는 구청장

살림 잘하는 남자

"저는 어둠을 비춰 주는 등대지기처럼 우리 송파의 새벽을 열 겠습니다."

트럼펫을 불며 나 자신이 등대지기처럼 외롭다는 생각이 들었다. 나중에 들어 알았지만 몇몇 젊은 엄마들은 그때 나의 초췌한 모습을 보고 너무 불쌍한 생각이 들어 눈물을 흘렸다고 한다. 깡마른 체구에 헬쑥한 얼굴, 선거판에 뛰어들어 잠 못 자고 힘없는 내 모습이 측은하기도 했을 게다. 사실 나팔 불 생각은 전혀 없었는데 선거가 종반으로 접어들면서 너무 피곤하게 전개되고, 듣는 사람들을 즐겁게 해주고 싶었다. 옛날부터 약장수도 약을 팔려면 관중들에게 음악을 선사하지 않았던가. 클린턴 대통령도 선거 유세 때 섹스폰 불고, 옐친도 춤추지 않던가.

우리네 선거는 온통 이를 악물고 치고 받고 냉면 먹이고, 중상 모략, 흑색 선전, 거짓말로 일관한다. 그러고 나서 당선되면 승리했다고 한다. 하긴 선거한 것이 아니고 싸운 것이니까 승리가 맞긴 맞는 얘기다.

어쨌든 보답하는 의미에서 한 곡조 불었는데 글쎄 그것이 문제가 됐다. 조사 기관에 불려 다니면서 조서를 받고 시달렸다. 선거법 위반이라는 것이다. 혹시나 해서 사전에 선관위에 물어 정당 연설회에서 연주 행위는 할 수 없으나 후보자 본인이 하는 것은 상관없다는 유권 해석을 구두로 받고 불었는데도, 그건 잘못된 해석이고 법에 일단 저촉이 된다는 것이다. 다행히 처벌은 받지 않고 무사히 숨은 쉬고 있으나 나의 문제를 떠나서라도 참으로 답답하고 딱한 노릇이다.

도대체 왜 노래를 못하고 나팔을 못 분단 말인가. 나를 조사한 그 분에 대한 원망은 추호도 없다. 그 분은 법을 집행하는 분이

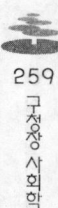

259
구정웅 사회학

고 또 다른 조사 기관에서 나를 고발했으니까 조사하지 않을 도리도 없었을 테고. 지구상에서 이런 것까지 못하게 하는 나라가 도대체 몇 나라나 될까. 아니, 있기는 있을까.

선거가 끝나고 지난해 가을 인근 K구청의 K구청장과 저녁을 먹은 일이 있다. 그 당시만 해도 만나면 서로 선거 무용담(?)이 주된 화제였다. 트럼펫 불다 혼난 얘기를 해주자 고교 때부터 나팔을 불어 온 이 친구, 펄쩍 뛴다.

"아니, 도대체 나팔 부는 게 뭐가 잘못된 건가. 그렇다고 오라 가라해? 세상에 별일도 다 있네. 자네는 한 번 불었지만 나는 세 차례나 불었는데. 왜 내겐 아무 말 없었지?"

글쎄 왜 그랬을까. 그날 이후 그때의 생각은 지워 버렸다. 난 아름다운 추억만 기억하고 싶으니까.

성경에 손 얹고 취임

사람과의 약속도 꼭 지켜야 하지만 하나님까지 끌어들여 약속을 했으니, 우리 송파를 위해 언제나 최선을 다하고 약속을 지키는 구청장이 되겠다고 다짐해 본다.

 '나는 법령을 준수하고 구민의 복리 증진 및 지역 사회와 국가 발전을 위하여 송파 구청장으로서의 직책을 성실히 수행할 것을 구민과 하나님 앞에 엄숙히 선서합니다.'

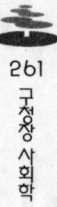

95년 7월 1일, 중앙 침례교회 오관석 목사의 뜨거운 손바닥을 손등에 받으며 나는 하나님의 강한 붙드심을 느낄 수 있었다. 구민 회관 대강당에 모인 800여 명의 시선이 성경에 얹은 오목사와 나의 손에 집중되는 엄숙한 순간이었다.

구청장 취임이 뭐 그리 대단하다고 대통령도 대법원장도 그 누구도 하지 않는 유별난 방법으로 할 게 뭔가 하고 생각할 수도 있다. 더구나 국교가 없는 나라에서의 특정 종교 의식으로 공적 행사를 치루는 것이 금지되어 있는 판에. 그러나 선서는 약속이고 양심의 외적 표현이다. 사람과 하나님 앞에서 동시에 하는 일을 구태여 막을 이유는 없다고 생각한다. 오히려 그 약속을 더욱 엄숙한 것으로 만들고 다짐을 굳게 하는 방법이며 권장할 일이다.

어느 일요일 저녁 아내와 함께 관내 어느 교회 예배에 참석한 일이 있다. 광고 시간에 담임 목사가 구청장이 왔다고 소개하고 신도들 앞에 나와 인사를 하게 했을 때 나는 이렇게 말했다.

'나는 요즈음 두 가지 제목을 가지고 기도를 드립니다. 첫째, 하나님, 미국 대통령이나 영국 수상은 취임할 때 성경에 손을 얹고 선서를 하는데 왜 우리는 그렇게 못합니까. 우리도 하루 속히 그렇게 할 수 있는 나라가 되도록 해주십시오. 둘째, 뜻이 하늘에서 이룬 것같이 땅에서도 이루어지되, 되도록 송파에서 먼저 이루어지게 해주십시오라고 기도합니다.'

순간 아멘의 함성과 함께 우뢰 같은 박수가 터졌고 지금도 그때의 감격스러운 장면이 눈에 선하다.

살림 잘하는 남자

▲ 95년 7월 1일, 송파 구민 회관에서 성경에 손을 얹고 취임식을 하고 있다.

그런데 어느 때인가 문득 이런 생각이 들었다. 왜 너는 해달라는 기도만 하는가. 대통령이나 장관이 하기를 기다리기 전에 네가 먼저 실천하면 될 것 아니냐. 대통령이 하려면 제도를 고쳐야 하고 다른 종교와의 관계 등 시끄럽고 복잡하지만, 조그만 지역에서 소리없이 실천하면 될 것 아니냐. 어렵게 생각 말라. 가깝고 쉬운 것에서부터 찾으라.

정신이 번쩍 들었다. 왜 진작 그 생각을 못했을까. 그렇다. 이번에 민선 구청장에 당선되면 반드시 성경에 손을 얹고 하나님과 사람 앞에서 선서하리라. 아마 행정 기관의 공식 행사에서 처음으로 있는 일이 될 것이다. 이건 확실히 자랑스러운 일이다. 좀 시끄러운 일이 벌어질지도 모른다. 그러나 처음이고 나중이고가 중요한 게 아니고, 또 시끄럽고 조용하고를 따질 일도 아니다. 아주 간단한 일이라고 생각하고 쉽게 하자.

그 지긋지긋하고 추악한 선거라는 걸 치르고 과연 이것이 발전인가 하고 생각하고 있을 때, 구청 총무 과장이 바로 취임식 계획서를 가지고 선거 사무소로 찾아왔다. 나는 모든 진행 순서는 구청에 맡기고 선서하는 방법만을 바꿀 것을 주장했다. 관청 행사를 특정 종교 의식으로 하는 것은 불가능하며 다른 종교도 있고 해서 곤란하니, 상부 기관(내무부)에서 내려온 취임식 지침대로 하자며 난색을 표했다.

기독교 의식으로 하자는 것이 아니라 선서하는 방법만 바꾸자는 것이다. 선서는 약속이고 양심의 표현이니 사람만이 아닌 하나님께도 동시에 하는 것은 잘못된 일이 아니다. 기독교인은 성경에, 불교 신자는 불경에 각각 선서를 하는 것은 특정 종교 의식이라고 볼 수 없다. 지금까지 하지 않던 일을 하자니 문제가

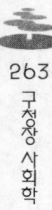

263
구청장 사회학

있을 수 있겠지만 꼭 좀 그렇게 할 수 있게 해달라.

총무 과장을 설득시켜 그렇게 하기로 했다. 아니나 다를까, 취임한 다음날 한 종교 지도자로부터 전화가 왔다. 도대체 많은 사람들을 불러 앉혀 놓고 그럴 수 있느냐는 거다. 그 분은 청와대도 가끔 방문하여 대통령과 함께 이야기하는 장면이 TV에도 나오곤 하는 분이며 도덕과 윤리, 전통을 매우 중히 여기는 종교 지도자로 나도 그 분을 존경해 오던 터였다. 특정 종교가 아니라 각자의 신앙에 맞게 선서 방법을 바꾼 것인데 이상하게 생각하지 말았으면 좋겠다고 나름대로 설득하느라고 했으나 좀처럼 납득되지 않는 모양이었다. 언론에 보도되지 않으리라고 생각하고 치렀는데, 후에 ≪국민일보≫ 기자가 알고 대서특필하는 바람에 얼떨결에 유명한 일화가 되었다.

어쨌든 구청장 취임 선서는 그렇게 했지만 이제부터가 중요하다. 사람과의 약속도 꼭 지켜야 하는데 하물며 하나님까지 끌어들여 약속을 했으니.

우리 송파를 위해 언제나 최선을 다하고 약속을 지키는 구청장이 되겠다고 다짐해 본다.

에펠탑과 시장

예산이 많이 들어 많은 사람들이 반대한다고
이 탑의 건립을 포기했다면 프랑스의 세계적
인 명물을 우리는 구경할 수 없었을 것이다.
또한 아무리 훌륭한 작품을 설계했더라도 이
를 받아들여 건축하게 한 당시의 시장이 없었
다면 에펠탑은 탄생되지 않았을 것이다.

파리를 여행할 때 일행과 떨어져 혼자 관광 버스를
타고 시내 관광을 한 일이 있다.

에펠탑 앞에 이르자 외국 관광객들이 서로 사진을
찍고 그 장엄한 모습 앞에 경탄을 한다. 마침 내 뒤
에 앉은 사람이 "이 위대한 탑을 설계한 사람은 참으로 위대하
다!"며 큰소리로 감탄했다. 작품을 보며 그것을 구상하고 만든
사람을 생각한다는 것은 좋은 일이다.

나는 힐끗 돌아본 뒤 서툰 영어지만 역시 조금 큰 소리로, "그
렇다. 그리고 이 위대한 작품을 건립하게 한 당시의 시장도 위대
하다." 그러자 버스안의 관광객들이 일제히 나의 말에 박수를
친 일이 있다.

안내원의 설명인즉 구스타프 에펠이 이 탑을 설계했을 당시

많은 설계 전문가들과 시민이 반대했다는 것이다. 전문가들이 볼 때 탑이 무모할 정도로 크고 구조적으로도 문제가 있으며, 시민들의 입장에서는 너무 많은 예산을 투입할 수는 없다는 것이었다.

1887년에 착공하여 만 3년에 걸쳐 완공되어 그 모습을 나타내자 사람들은 탄성을 터뜨렸고, 전 세계로부터 이 장엄한 예술 작품을 보려고 100여 년 이상 계속 몰려들고 있다. 물론 당시로서는 엄청난 건립비라고 할 수 있는 우리 돈으로 약 12억 원이 들었지만, 후에 이 탑은 파리시의 재정 수입을 올리는 보물 단지가 되었고 프랑스인의 자랑거리로 세세토록 남아 있다.

예산이 많이 들어 많은 사람들이 반대한다고 이 탑의 건립을 포기했다면 프랑스의 세계적인 명물을 우리는 구경할 수 없었을 것이다. 또한 아무리 훌륭한 작품을 설계했더라도 이를 받아들여 건축하게 한 당시의 시장이 없었다면 에펠탑은 탄생되지 않았을 것이다. 그러니 얼마나 위대한 시장이었나.

지도자는 대중보다 한발 앞서가야 한다. 현재와 과거만이 아니고 미래를 예측하고 판단할 수 있어야 한다. 요즈음 시민의 편에 서서 민의를 수렴한다며 잘못된 요구도 들어주고, 분명히 옳치 않은 길임에도 편안한 방법을 택해 적당히 타협하는 경우를 본다. 인기도 얻는다. 그렇게 하는 것이 보다 민주주의적인 것이라고 잘못 생각하는 사람도 많다. 「아첨 중 가장 비열한 아첨은 대중에 대한 아첨이다」라는 말이 있다. 민심이 곧 천심이라고 하고 또 그것이 맞는 말이기는 하지만, 시대가 많이 변했음도 간과해서는 안 된다.

현대와 같은 고도의 이익 사회에서는 자신의 입장만을 고집하는 이기주의적인 요소가 점점 더 강해지기 마련이다. 주유소가 들어서면 위험하다고 반대하던 사람들이 돈 받고 눈감아 준다. 돈을 받으면 위험하지 않고 안 받으면 위험하단 말인가. 물론 위험하고 집값 떨어지니까 돈으로라도 보상받아야 하겠다는 주장이 일리가 없는 것은 아니다. 그러나 엄연히 법에서 보장하고 있는 건축의 권리를 행사하지 못하게 물리력을 동원하여 저지하는 것은 올바른 행동이 아니다. 더구나 천진스런 어린아이까지 이마에 띠를 매어 데모에 데리고 나오는 것을 보면 슬픈 생각이 든다.

떼 쓰면 해결되는 현실은 또 다른 집단 민원을 야기하고 그러한 행동이 사회 전반에 만연되는 것을 방관하는 줏대 없는 단체장, 공무원들에 의해서 불신 풍조가 팽배해지고 우리 사회가 흔들리고 있다. 의사 결정을 하는 사람은 신중하고 단호해야 한다. 그러나 지도자가 자기 고집만을 내세우고 외곬수로 가는 것은 위험하다. 주민의 의사를 듣고 의견을 수렴하되 문제의 근본을 생각하고 장래를 예측하여 결정해야 한다. 욕을 먹어도 아닌 것은 아니라고 할 수 있어야 한다.

서울 올림픽이 있던 해였다. 내가 처음 송파 구청장에 부임하고 동 순시에 나가 주민들에게, "앞으로 주민 여러분의 뜻에 따라 우리 구 발전을 위해 열심히 일하겠습니다."라고 지극히 평범한 인사말을 하자, 느닷없이 한 할아버지가 자리에서 일어서더니 "구청장님, 그게 무슨 말씀이오! 주민의 뜻에 따라 일하겠다니 그 무슨 무책임한 말씀이오!" 도대체 이 할아버지가 무슨 말을 하려는 것일까. "지도자는 백성을 끌고 갈 수 있어야 하는 법이오. 백성들을 따라가는 게 아니고 잘못하면 꾸짖고 올바른 길로 끌고 가야 하는 법이오. 요즈음 지도자들은 왜 그리 나약하고 무책임한지 모르겠소."

물론 그 분의 말을 소화해서 들어야 하겠지만 상당히 뼈 있는 충고임에 틀림없다. 이른바 전문가 시대에 전문가는 더욱 고민하고 일반 대중보다 앞서가야 한다. 그리하여 방향을 잡아 주고 설득하고 인도해 주어야 한다. 그래야 발전한다.

또 하나 생각나는 일이 있다. 지금 올림픽 공원에 서 있는 「평화의 문」이 설계된 후 건축 직전, 당시 올림픽 조직 위원회에서는 각계의 직능 대표와 시민들을 초청하여 작품 설명회를 가졌다. 많은 사람들이 의견을 냈다. 이미 이 작품은 작품 선정 위원회에서 전문가들에 의해 선택 결정된 것으로, 최종적으로 시민의 좋은 아이디어를 받아들인다는 것이 이 설명회의 취지였다.

묘안들이 백출하였다. 어떤 사람은 평화의 문 자체를 100m쯤 더 높게 하여 웅장한 맛을 보여 달라고 하는가 하면, 또 어떤 사람은 지붕 위에 누각을 올려 엘리베이터를 타고 올라가 멀리 한강을 조망할 수 있게 하자고도 했다. 의견을 다 듣고 난 작품 설계자였던 고 김중업씨가 자리에서 일어나 이렇게 얘기했다.

"여러분이 지금 여러 가지 의견을 제시했는데 예술에 관한 한 예술가는 대중보다 한발 앞서가는 법입니다. 저는 전문가이며 모든 것을 생각하고 현재의 이 작품이 이 자리에 가장 좋다고 판단되어 내놓은 것입니다. 이 작품대로 받아들여지지 않으면 훗날 설계한 사람이나 결정한 사람은 크게 욕이 될 것이므로 취소할 수밖에 없습니다."

고집스런 말로 들리기는 했으나 맞는 말이었다. 본인은 수개월 동안 고심하여 만든 작품인데 많은 사람들이 잠깐 보고 이러쿵저러쿵하는 것은 나쁘다고는 할 수 없지만, 무조건 받아들여야 한다고 주장할 수도 없다. 모였던 200여 명이 모두 끄덕이고 그 작품은 그대로 현재의 위치에 서게 되었다.

지금도 그 앞을 지나면 가끔 그 때의 일을 생각하곤 한다. 만일 설계하신 분이 적당히 타협하여 적당한 형태로 수정된 채 건축되었으면 어떠했을까. 바람에 쓰러지거나 흉물덩어리로 손가락질당하는 신세가 됐을지도 모른다.

에펠탑과 시장, 평화의 문과 설계자, 그리고 그 할아버지. 역시 누군가는 더 많이 땀 흘리며 앞서가야 한다.

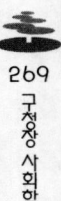

전국 최우수 자치 단체로

또 다른 세기를 바라보면서 시민들에게 신뢰
와 비전을 주는 서울을 추구하며, 지역 발전
모델로서의 송파를 줄기차게 꾸려 나갈 것이
다. 먼 훗날 우리 후손들이 주는 또 다른 큰
상을 위해.

송파 구청을 맡아 나름대로 열심히 일하면서 하루
하루를 지내다 보니, 어느 정도 행정의 질이 높아지
고 구민들은 물론이고 언론을 비롯하여 시민들로부
터 칭찬을 받게 되고, 개발되는 행정 시책들이 관심
의 대상이 되었다.

상을 받는 일은 기쁘고 보람 있는 일이지만 한편으로는 부담
스러운 일이다. 또 비록 상은 받지 못했지만 열심히 일하는 자치
단체들이 대부분이다. 그들과의 차이가 클 리도 없고 평가를 하
다 보니 누군가 선정되어야 했을 것이다.

남보다 앞서간다는 것은 쫓기는 것이고 늘 부담스러울 수밖에
없다. 상대적이고 경쟁적인 것을 유별나게 싫어하는 나는, 그저
내가 맡은 송파구의 특색과 실정에 맞게 하나하나 행정 프로그

램을 개발하고 중장기 계획을 세워 차분히 추진해 나간다는 생각으로 일할 뿐이다. 그렇게 하다 보니 수상자 대상이 된 것이다. 비결도 없고 묘책도 없고, 소위 로비 같은 것은 꿈에도 하지 않는다. 일 이외의 수단으로 상을 받는 것은 그러한 사실 하나만으로도 이미 상받을 자격이 없다.

94년에는 총무처가 선정한 최우수 민원 행정 기관으로 영광을 안았고, 같은 해 소비자 단체가 선정한 최우수 행정 서비스 기관으로 수상하기도 하였다. 민선 구청장에 당선된 후 임명직 때 하던 기초 위에서 일하였으므로, 구 행정의 안정성, 계속성, 발전성 이라는 면에서 다른 자치 단체보다 유리할 수밖에 없었을 것이다.

민선 단체장 1년을 맞으며 각 지방 자치 단체를 평가하는 제도가 생기면서 송파구는 커다란 상 둘을 받는 영광을 안았다. 96년 3월 한국능률협회와 ≪매일경제신문≫사가 공동 주관한 제1회

▲ 96년 3월 한국능률협회와 매일경제신문사가 공동 주관한 제1회 한국지방자치단체 경영자 상을 받고

한국 지방 자치 단체 경영자 상에서, 송파 구청장은「삶의 질」
부문에서 최우수상인 대상을 받았다. 자치 단체장을 대상으로
하여 심사한 이번 시상에서 행정 혁신 부문에서는 이인제 경기
도 지사와 기초 단체장인 정채호 여천 시장, 그리고 경제 활성화
부문에서는 문희갑 대구 광역 시장이 각각 수상하였다.

경영자상의 평가 기준은 비전 제시(창의성·이념·논리성·구
현성), 경영 마인드(차별성·유연성·실현성), 그리고 리더십(설
득력·혁신 지향성·실천성) 부문 등이었다. 나로서는 참으로 영
광이었고 한편으로는 부담스러운 일이었다. 구청장이 상을 받았
지만 1,800여 직원들이 직접 수고하여 받은 상이다. 또한 각 직
능 단체를 비롯한 68만 송파 구민의 구정 참여와 지역 발전을 위
한 관심과 노력 덕분에 얻은 영광이다.

더구나「삶의 질」이야말로 행정이나 정치가 추구하는 목표가
아닌가. 이 부문에서 수상한 것은 바로 송파구가 추구하는 〈복
지 송파, 문화 도시〉를 향한 노력 때문이었다. 롯데 호텔에서 수
상하던 날, 기쁘고 자랑스런 얼굴로 축하해 주던 각 직능 단체
임원 등 구민들의 모습이 지금도 눈에 선하다.

또 하나는 지난 6월 ≪동아일보≫사와 지방 자치 학회가 96년
전국 230개 기초 자치 단체를 대상으로 실시한 평가에서 송파구
가 최우수 구로 선정되었다. 전국의 지방 자치 학회 회원 중 조
사자 239명에 의해 이루어진 이 평가에서 2위에는 대전 유성구,
3위에는 인천 남구가 각각 우수 단체로 뽑혔다. 광역 단체와 달
리 기초 단체는 그 수가 많고 전국적인 단순 비교가 어렵기 때문
에 3단계에 걸쳐 세 가지 기준으로 선정 작업이 이뤄졌다. 우선,
평가 단원이 거주하는 시도의 기초 자치 단체 중 우수한 자치 단

체를 두 곳씩 추천하도록 했다. 추천 빈도는 해당 지역의 기초 단체 및 평가단의 숫자에 따라 차등이 있게 되므로, 이를 동일 조건으로 환산한 순純 추천율(단순 추천율, 확률)을 상대 평가해 우수 자치 단체 선정의 첫째 기준으로 삼았다. 2단계로, 각 시도 별로 추천된 두 곳에 대해 10개 항목의 평가점수(5점 척도)를 매기도록 했다. 마지막 3단계로, 전국적인 비교 평가의 객관성을 높이기 위해 지역에 관계 없이 가장 우수한 기초 자치 단체를 추천하도록 했다.

평점과 순 추천율, 전국 추천율을 종합 분석한 결과 전국 차원의 우수 기초 단체 추천에서 단연 1위를 차지한 곳은 서울 송파구였다. 추천에 응한 평가단 64명 중 20%가 송파구를 우수 단체로 지목했다. 서울에서의 추천 집중률에서는 25개 자치구 중 추천 빈도 14로 2위인 다른 구에 비해 배 이상의 격차로 수위를 기록했다.

상복이 터져 올해에만 최우수 자치 단체로 두 번씩이나 선정되었는데 그건 결과가 아니라 이제부터 시작임을 의미한다. 지금까지 쌓아 온 발전의 기틀을 도약의 발판으로 하여 21세기 송파가 서울을 열어가는 데 온 힘을 쏟아야 한다. 또 다른 세기를 바라보면서 시민들에게 신뢰와 비전을 주는 서울을 추구하며, 지역 발전 모델로서의 송파를 줄기차게 꾸려 나갈 것이다. 먼 훗날 우리 후손들이 주는 또 다른 큰 상을 위해.

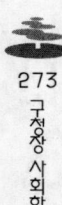

구정의 사회학

단체장과 정치

생활 정치 소신을 갖고 독립된 권한으로
임기 동안 주민과 더불어 지역을 발전시
키고, 지역 복지를 위해 열심히 일하는
존재로 단체장직을 보장했어야 했다. 그
것이 이른바 〈지방자치〉이다.

구청장이 민선으로 바뀌면서 정무직이 되었다. 정
무직은 정치를 하는 자리이다. 민주 정치의 기초가
지방 자치이므로 정무직으로 하는 것 자체에 큰 이
의를 달 생각은 없다. 그런데 중앙 정치와 달리 기
초 자치 단체의 정치는 시민들의 일상 생활과 관련 있는 생활
정치다. 〈정치〉라는 말보다는 〈행정〉에 더 가깝다. 흔히 똑같은
정치로 이해하기 쉬운데 그렇지 않다. 구청장이 중앙 정치 같은
〈정치〉에 휘말리면 행정에 큰 타격이 온다. 이럴 때 손해 보는
건 주민이다.

정무직이니 정당 소속 문제가 자연스럽게 나온다. 구청장이
정당 공천에 의해 당선되고 정당 소속으로 있게 되면, 당을 위해
일해야 되고 당의 지시를 받아야 한다. 당과 구청장이 임기 동안

구정을 책임지고 이끌게 되는 것이다. 이러한 경우 구청장은 자신의 선거뿐 아니라 국회 의원 선거 때도 자신이 속한 당의 후보자를 위해 선거 운동을 해야 한다. 정치를 하는 공무원이다.

우리 나라는 구청장의 정치 행위를 일체 금지하고 있다. 정무직으로 만들어 놓고 정치를 하지 말라는 기이한 제도를 가진 나라이다. 그래서 지난 국회 의원 선거 때도 숨 한번 제대로 쉬지 못하고 엎드려 지냈다. 아니 정치는커녕 선거법에 꽁꽁 묶여 주민 여가, 취미 교실 프로그램 같은 단순하고 기본적인 복지 문화 사업도 일체 할 수가 없었다. 구청장이 참석하지 않는 행사도 털끝만큼이라도 선거와 연관지을 수 있으면 금지시켰다. 굉장한 법이다. 그 결과 획기적인 공명 선거를 치렀는지는 국민들이 다 알고 후보자로 뛰었던 사람들이 다 안다.

애시당초 구청장은 정당 공천을 받지 않도록 해야 했고, 아무리 정무직이지만 정당 소속은 배재했어야 했다. 정당에 소속되면 불가피하게 반대하고 등을 지는 사람들이 상당수 있게 된다. 그건 갈등을 일으키게 하는 소지를 제공하기 마련이다. 생활 정치가 무엇인지 모르는 소치에서 나온 잘못이라고 생각한다. 소신을 갖고 독립된 권한으로 임기 동안 주민과 더불어 지역을 발전시키고, 지역 복지를 위해 열심히 일하는 존재로 보장했어야 했다. 그것이 이른바 〈지방 정치〉이다.

정치인은 인기를 무척 좋아한다. 표와 관계가 있으니 당연하다. 비록 정치인뿐 아니라 누구나 인기를 좋아하기 마련이다. 그런데 일보다 인기를 좇게 되면 일을 망치게 된다. 구청장이 일을 망친다는 것은 그 피해가 바로 구민에게 미친다는 것을 의미한다. 비록 인기를 잃고 일시적으로 욕을 먹더라도 올바른 행정을

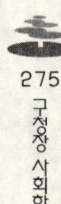

구정의 사회학

해야 한다. 그리고 길게 볼 때 구청장이 일을 열심히 잘하면 그것이 곧 인기를 얻게 되는 것이다. 인기만을 추구하면 결국 인기도 잃고 일도 잃는다.

그 한 가지 예를 들어 본다.

문정동이냐 장지동이냐를 놓고 주민들의 주장이 서로 달랐다. 동의 명칭은 향토 사학자 등 전문가들로 구성된 「지명 위원회」가 결정하는 것이지 주민 스스로 결정하는 것이 아니다. 주민 다수의 의견을 따르는 것이 민주적인 것 같지만 그렇지 않다. 문정 3동을 주장하는 주민들이 90%나 되니 구청장이 인기 얻고 표 얻으려면 그 쪽 주장대로 따르는 것이 유리하다. 구청장 성토하는 시위가 구청 마당에서 벌어질 일도 없다.

지명은 그렇게 정하는 것이 아니다. 장짓골, 장지마을, 장지천 등 장지長旨라는 이름은 이 지역의 역사이다. 게다가 한문의 뜻도 큰 뜻, 좋은 뜻을 의미하니 얼마나 좋은가. 그런 배경으로 「지명 위원회」에서 붙인 것이다. 특별한 이유가 없는 한 구청장은 거기 따라야 한다. 그게 민주적 방법이다. 숫자로 밀어 붙이는 건 올바르지 않다.

장지동이라는 이름은 장지葬地가 연상되어 집 값이 떨어지게 되므로 문정동文井同으로 하자는 것이 반대하는 분들의 이유다. 그럼 석관동은 어떤가. 그곳으로 이사하면 관 속으로 들어가게 된다는 말인가. 적선동 사람은 거지가 되고, 수표동 사람은 금방 부자가 된단 말인가. 신사동에는 신사만 살고 남성동은 남성만 사는 곳인가.

물론 얘기를 하자면 그렇다는 것이고 그 곳 주민들의 심정을 전혀 이해 못하는 것은 아니다. 이름 가지고 그처럼 오랜 세월을 끌며 다투는 것보다는 그리고 동 이름가지고 좋은 동네 이미지를 갖겠다는 생각보다는, 동민들이 힘을 합쳐 마을을 발전시키기 위해 노력하는 것이 더 중요하다는 점을 강조하고 싶다.

장지동은 남한산성을 등지고 남쪽을 바라보며 자리잡은 좋은 마을이다. 틀림없이 송파구에서 가장 쾌적한 주거지로 발전할 것이다. 구청장이 무슨 큰 유감이라도 가지고 있어서 장지동으로 결정하는 것은 아니지 않는가. 훗날 장지동으로 결정한 것이 참 잘한 일이라고 평가받게 될 것이다. 마치 수년 전 「송파구」냐 「올림픽구」냐 하며 구 명칭을 놓고 논쟁했을 때처럼.

국회 의원은 300여 명이나 되기 때문에 한두 사람 잘못해도 잘 나타나지 않고 그럭저럭 넘어갈 수 있지만, 구청장이 잘못하면 구 전체가 피해를 보게 된다. 진정한 인기는 일에서 나온다.

인기 얘기가 나왔으니 말인데 구청장 이름을 아는 구민이 몇 명이나 될까? 장관들의 이름을 모르는 것은 물론이고, 아마 국무총리 이름을 잘 모르는 사람들도 꽤 많을 것이다. 부총리 이름을 모르는 사람은 부지기수일 것이고. 심지어 나 자신도 어떤 때 텔레비전에 나오는 장관 얼굴을 보고 저 사람이 장관이었나 의문이 드는 경우도 있다.

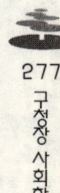

277

구청장 사회학

지난 4월 조사 전문 기관인 RSC 리서치를 통해 20세 이상 송파 구민 1,120명에 대해 조사한 바에 의하면, 구민 중 49.8%가 나의 이름을 아는 것으로 나타났다. 물론 선거를 치르면서 이름이 많이 알려졌겠지만, 인지도가 높은 데 대해 고맙고 또한 책임감이 커진다.

인기란 올바른 행정으로 구민들로부터 찬사받는 것이어야지 일시적인 선심 따위로는 얻을 수도 없고 또 얻어 봐야 가치도 없다. 가끔 온몸에 힘이 쭉 빠지는 때가 있는데, 그건 열심히 일하는 것을 보고 인기 얻으려고 그런다고 빈정거리는 경우다. 그렇다면 구청장이 하는 일은 모두가 사전 선거 운동이고 인기 전술이라는 얘기가 된다. 부정적인 눈에는 부정적인 것만 보이고 추한 눈에는 아름다운 꽃이 보이지 않는 법이다. 인기는 누구나 얻고 싶어한다. 그 방법이 문제다.

구청장이 인기를 얻는 최선의 방법은 〈24시간 구청장〉이 되어 열심히 일하는 것이다. 그러나 인기를 목표로 하는 그런 구청장은 결코 되지 않을 것이다.

단체장의 다섯 가지 유형

인구 50만 명 또는 100만 명, 아니면 그
이상의 큰 도시에서 이즈모시처럼 아기자기한
행정을 펼 수 있는 방법은 없을까. 또 상품을
주고받는 것 이상의 훈훈하고 인간적이며 보
람 있고, 즐거운 행정을 펼 수 없을까.

 단체장, 특히 한 도시를 경영하는 시장市長을 유형
별로 나누어 생각해 보자. 보는 관점에 따라 다를
것이고 특히 시장 개인의 성격, 업무 스타일에 따
라 구분될 수 있겠다. 긍정적인 측면에서, 또 세계
인의 이목을 집중시켰던 시장들을 대상으로 그들이 시 행정에
미친 영향, 공과, 평가 등을 감안하여 그 유형을 따져 볼 수 있
을 것이다.

첫째는 현상 유지형이다.

대부분의 시장은 현상 유지형 또는 점진주의형이다. 뚜렷한
시책을 개발하거나 독특한 행정 스타일을 보기보다는, 평범하게
일상 업무를 이끌고 법과 규정에 의해 부하로부터 올라오는 서
류나 보고 사항에 대해 결정한다. 조직을 능동적으로 이끌고 문

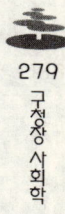

구정웅 사회학

제를 적극적으로 해결하며, 행정 시책을 의욕적으로 개발하여 눈에 띄게 지역을 발전시키기보다, 조직에 얹혀 현상 유지에 머무르거나 조금씩 점진적으로 개선해 나가는 그러한 유형이다.

이러한 유형은 조직을 안정시키고 시행 착오가 별로 없으며 조직 구성원이 편하게 지낼 수 있다. 주민들로부터 특별히 비난 받을 일도 없다. 오랜 세월을 지내면서 벽돌을 한 개씩 쌓아 올리듯 실수 없이 착실하게 발전시킬 수 있다. 다만 조직은 물론 지역에 활력이 없고 참여도가 낮으며 무사 안일에 빠지기 쉽다. 또한 변화가 많은 현대 도시 행정, 문제를 더 이상 덮어두거나 피해갈 수 없도록 시민의 욕구 수준이 높아지는 경우, 시민은 시장을 답답하게 생각하고 뭔가 좀 속시원한 시책이 없음에 불만을 갖게 된다.

둘째는 개발형이다.

불도저형, 또는 저돌형이라고 할 수도 있다. 세상 천지를 파헤치고 자연을 인공으로 대체한다. 그 누구도 말릴 수 없다. 책임 의식이 강하고 행동이 분명하다. 부하에게는 일벌백계로 엄벌하고 잘못된 관행이나 제도를 과감하게 뜯어 고친다. 무사 안일에 빠진 직원들을 혼비백산하게 만든다. 소신이 강하고 일방 통행이다.

불도저형에도 두 가지가 있다. 하나는 마구 뒤집어 엎는 형이고, 다른 하나는 결정하기까지 매우 신중하고 전문가의 의견을 듣고 민주적인 절차를 취한다. 일단 결정하고 나면 무섭게 밀어부친다. 이렇게 해서 크게 발전한 도시가 매우 많다. 우유부단한 지도자 치고 제대로 눈에 띄는 업적을 찾아 볼 수 없다. 그리고 문제가 복잡하고 크면 클수록 과감하게 맞부딪쳐 해결하려는 적극성을 보여야 한다. 불도저형은 온몸을 던져 행정을 편다. 낮이고 밤이고 집이고 사무실이고 구분이 없다. 부하직원들은 고달프고 행정의 낭비도 심하다.

흔적이 큰 만큼 시행 착오에서 오는 부작용도 심각하다. 전문성이 결여되고 안목도 좁아 시행 후 얼마 안 가서 더 큰 문제에 빠져들기도 한다. 부실 공사로 인한 대형 사고가 일어나기도 하고, 건설된 도로를 다시 넓혀야 하고 건물을 헐어야 한다. 심지어 도시를 아예 뜯어내야 하는 경우도 있다. 역사적 과오를 남길 수도 있다. 나중에 후회해도 파헤쳐진 도시는 다시 자연으로 돌아갈 수 없다. 도시에 변화를 주고 시민 생활에 활력을 불어넣는 역동적 행정이기는 하지만, 보다 신중하고 미래에 대처한 계획이 아니면 결국 실망과 비난을 면치 못하게 된다는 점을 알아야 한다.

개발형 또는 불도저형은 지난날 우리 나라 정치 행정 지도자들에게서 나타나는 특징적인 유형이다. 우리 나라 근대화에 기여한 그 업적과 공로는 높이 평가되어야 한다. 낙후된 나라 경제를 일으키고 지난 반세기 동안 세계에서 가장 변화가 큰 나라로 만드는 데 결정적 역할을 했다. 다만 그것이 가장 최선은 아니었다는 점도 동시에 평가되어야 한다.

셋째는 수도자修道者형이다.

극단적인 청렴형이다. 부정 부패가 판치는 세상에 정직하고 인정 많은 시장이 불쌍한 사람들을 돕고 시민에게 깨끗한 이미지를 주어, 모범이 되고 사회를 정화시키는 데 기여하는 것은 그것대로 매우 바람직한 일이다.

방콕 시장이었던 잠롱이 그 대표적 예이다. 언론에 보도된 내용에 의하면 그는 시장 관사에서 사는 것도 사양하고 허름한 창고를 개조하여 거처하고 있으며, 시장 전용 자동차도 마다하고 자전거를 사용하며, 봉급은 어려운 이웃들을 돕는 데 쓰고 매우 청빈하게 산다고 한다. 방콕 도심 재개발 계획을 세워 추진하려고 했으나, 그곳에 사는 어려운 사람들이 불쌍해서 계획 자체를 백지화한 일도 있다고 한다. 그를 지지하고 따르는 사람들이 많아 정치적으로 큰 인기를 얻고 있다고 전한다.

간디가 새로운 인도, 큰 인도를 만들었듯이 확실히 잠롱은 금세기 보기 드문 훌륭한 분이다. 그는 방콕 시장으로 재임하면서 세계의 여러 도시, 기관, 단체들로부터 초청을 받아 많은 시간을 외국에서 보내야 할 만큼 세계적인 인기를 지닌 인물이었다. 우리 나라를 방문하여 여러 차례 강연도 하고 갈채를 받기도 했다. 나 자신도 그 분을 존경한다. 이 더러운 세상에 그런 분이 고고하게 존재한다는 것이 기적이라는 생각도 든다.

수도자로서의 그분은 매우 훌륭하다. 그러나 시장으로서의 잠롱을 나는 존경할 수 없다. 도시는 눈물과 인정만으로 경영되는 것이 아니다. 나 하나 깨끗하다고 도시가 깨끗해지는 것도 아니다. 자동차 타고 시간을 아껴 산적한 일을 한 가지라도 더 처리해야 한다. 도심 재개발을 과감히 추진하며 주위 환경과 교통 문제를 개선하고 도심 기능을 바로잡아 건강한 기능 도시로 탈바꿈시켜야 한다. 시민에게 변화를 실감할 수 있게 하고 미래에 대한 꿈을 갖게 해야 한다. 외국에 다니며 강연하는 것도 인류를 위해 공헌하는 것이 되겠지만, 그보다는 복잡한 유기체로 얽혀 있는 도시 행정을 풀어나가기 위해 더 많은 시간을 행정 현장에서 보내고 고민해야 한다.

오늘날 방콕은 세계에서 가장 교통 문제가 심각한 도시의 하나가 되었다. 물론 잠롱 때문에 그렇게 된 것은 아니겠지만.

넷째는 기업형이다.

기업 중에서도 은행이나 백화점형이다. 일본 이즈모시의 이와쿠니가 그 대표적인 예이다. 이를 이와쿠니형이라고 해도 좋다. 행정은 하나의 서비스 상품이고 질 좋은 상품을 개발하여 시민에게 높은 서비스를 제공할 의무가 있다고 보는 것이다. 새로운 상품을 개발하기 위해서는 이른바 관청적 사고 방식이나 관리 방법으로는 안 되고 철저하게 기업형이어야 한다고 주장한다. 여기서 요구되는 것이 단체장을 중심으로 한 공무원들의 철저한 경영 마인드이다.

행정은 최대의 서비스 산업이라고 주장하는 이와쿠니 데슨도 시장은, 1989년 이즈모시의 시장으로 취임하자마자 행정 조직을 대대적으로 서비스형으로 개편하고, 일본 최초로 쇼핑 센터 안에 토요일과 일요일에 개청하는 시청의 서비스 코너를 설치하여, 주 7일 내내 시민에게 행정 서비스를 제공하는 체제를 갖추었다. 일본을 대표하는 대기업으로부터 인재를 파견받아 관청에 기업의 노하우를 심는 조치를 취했다. 나무 의사, 목조 교사, 목조 공민관 등 나무의 따스하고 부드러운 감성을 보급하는 데 힘썼고, 수많은 기발한 아이디어로 시 행정을 개혁해 나갔다. 행정 서비스 독점 기업으로서의 시청은 주민에게 서비스 만족이라는 고상품을 제공함으로써 납세자에 대한 보답을 해야 한다고 주장한다. 이 도시 공무원들은 근무 시간중 자리에 앉지 않고 계속 서서 일을 처리한다. 지난 5월 이와쿠니 시장과 조찬 모임을 가진 일이 있는데, 그때 그는 시장 재임 6년 동안 의자에 앉은 시

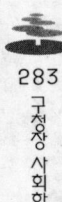

간은 단 4시간뿐이라고 소개했다.

1990년 「일본 능률 협회」로부터 최우수상을 받았으며, 1993년에도 이즈모시는 가장 살기 좋은 도시로 선정되기도 하였다. 전국 각지에서 이즈모시의 놀라운 행정 개혁을 배우려고 몰려들었고, 불과 2, 3년 사이에 세계적으로 유명한 도시가 되었다.

우리 나라에도 각 언론사에서 앞다투어 보도하였으며 수많은 공무원들이 이즈모시를 견학하고 왔다. 우리 나라 거의 모든 자치 단체들이 이즈모식 행정을 도입했고 또 상당한 변화를 불러일으키기도 했다. 관청문에 들어서면 한복 입은 여직원이 정중하게 인사하고, 백화점이나 은행에 직접 직원을 보내 친절 교육을 받도록 하고, 민원 서류를 처리할 수 있는 코너를 앞다투어 설치하기도 했다. 사무실 구조를 뜯어고치고 구청장이 민원실로 내려와 근무하고, 친절을 소재로 한 연극을 만들어 직원 교육용으로 공연하기도 하는 등 이즈모 선풍은 유행처럼 행정 기관에 불어 닥쳤다. 지방 자치는 곧 재정 자립도라고 생각하여 자치 단체마다 돈을 벌려고 온갖 아이디어를 짜내기도 한다. 확실히 기업형 시장은 종전의 행정을 크게 변화시키고 시민의 시정에 대한 인식을 바꾸어 놓고 있다.

그러면 다섯 번째 유형은 무엇일까. 아니면 없는 것일까.

사실 이즈모시의 행정 형태, 이와쿠니 시장의 기업 경영 방식의 시정 말고 더 좋은 형태의 행정 유형을 찾을 필요가 없는지도 모른다. 그만큼 우리는 〈행정=경영〉이라는 생각을 굳혀 가고 있다. 요즘 이른바 〈경영 마인드〉라는 말처럼 흔히 쓰이는 말도 드물 것이다. 그래서 우리 공직자들까지 다 기업형으로 돌아가고 있고 또 그래야 일을 잘하고 앞서가는 것으로 인식되고 있다.

그러나 좀더 냉정하게 생각해 볼 필요가 있다. 행정이 기업이고 경영인가. 그것이 중요하기는 하지만 이윤을 목적으로 존재하는 기업 경영이 공공 부문에도 완벽하게 적용되어야 하는가 하는 점에 대해서는 한 번 짚고 넘어가야 할 필요가 있다. 주민은 행정 기관에 대해 계속해서 더 많은 것을 요구하고 행정 기관에서는 이에 부응하여 계속 머리를 짜내 질 높은 서비스를 제공하면 그것으로 끝인가.

행정은 경영적 요소를 갖고 있지만 제품을 생산하여 이익을 높이는 기업은 분명 아니다. 주민이 함께 참여하여 제품을 만들고 품질을 높일 수 있어야 한다. 그리고 제품 중심이 아니라 인간 중심이어야 한다. 그러자면 먼저 봉사 정신 즉, 마음 자세가 중요하다. 나는 각 자치 단체들이 앞다투어 은행이나 백화점에 가서 친절 교육을 받고 인사하는 법을 배우도록 하는 것에 대해 일종의 거부감을 갖고 있다. 여직원에게 한복 입혀 현관 입구에서 아무리 공손하게 절하게 해도, 근본적으로 주민 편에 서서 진심으로 민원을 해결해 주려는 마음가짐이 따르지 않으면 아무 소용없다. 설혹 인사는 잘못 하더라도 찾아오는 고객에게 일을 잘 해 주려고 긍정적인 자세를 갖는다면, 인사의 방법쯤은 그리 문제될 게 없다. 백화점에서 예쁜 여사원들이 인사를 잘하면 상품이 잘 팔려 돈을 더 벌지만, 공무원은 인사 그 자체에 높은 비중을 둘 필요는 없다고 본다. 오히려 불편한 한복을 입고 서 있는 것보다 사무실에서 자신의 본연의 일에 열중하는 것이 더 생산적이다.

그리고 이즈모시와 우리 구는 행정 여건이 근본적으로 다르다는 점이다. 이 도시는 인구 8만여 명에 공무원 수가 630명이다.

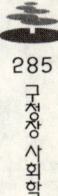

구청장 사회학

서울의 3개 동 정도의 규모이다. 1개 동에 보통 25명 안팎의 직원이 있다. 우선 인구 대비 공무원 숫자에 있어서 우리보다 거의 10배가 많다. 직원들이 많으니까 여유 있게 일할 수 있다. 10만 미만의 작은 규모의 도시에서는 그것이 가능할지 모르지만, 이와 같은 경영 방식을 모든 도시에 적용하려고 한다면 그것은 무리이다. 그의 말대로 작은 도시에서나 유리한 개혁이지 도시가 크면 그러한 방식을 적용하는 것은 어렵다.

토요일과 일요일 없이 행정 서비스를 반드시 제공해야 하며 자리에 선 채로 일을 하는 것이 전적으로 올바르기만 한 방법인지도 의문이다. 우리들 행정 업무는 그 내용이 다양하다. 연구하고 토론하고 현장 확인하고 보고하고, 매일매일 산적한 어려운 일들을 적은 인원과 적은 예산으로 처리해야 한다. 은행 창구에서 돈을 내어 주고 백화점에서 점원이 물건 파는 형태의 행정은 극히 작은 부분에 불과하다. 그러나 적은 비용으로 큰 효과를 올리고 좋은 행정 서비스를 주민들에게 제공하려는 기업 경영식 행정 방법은 필요하고 또 높이 평가 되어야 한다. 다만 행정 기관에서는 이에 그치지 않고 다른 무엇인가를 추구해야 한다는 점을 강조하고 싶다.

그러면 그것이 무엇일까. 즉 인구 50만 명 또는 100만 명, 아니면 그 이상의 큰 도시에서 이즈모시처럼 아기자기한 행정을 펼 수 있는 방법은 없을까. 또 상품을 주고 받는 것 이상의 훈훈하고 인간적이며 보람 있고, 즐거운 행정을 펼 수 없을까. 만일 있다면 그런 사람은 다섯 번째의 훌륭한 단체장의 유형이 될 것이다. 그리고 그 창법의 핵심은 개인의 능력보다 집단의 능력이 동원된 것이어야 한다. 지역내의 모든 주민이 자치 의식을 갖고 주인으로서 지역 복지 활동에 참여하고, 각 기관과 단체들이 힘을 합하는 참여형 쇄신 행정이 될 것이다.

　그렇게 하자면 무엇보다도 민주적이어야 한다. 주민의 소리에 귀를 기울이고 다양한 의견을 수렴할 수 있어야 한다. 단순한 의견의 수준이 아니라 계획, 집행, 평가의 모든 과정에 주민이 참여하도록 해야 한다. 또한 주민보다 더 생각하고 조정하는 능력과 전문성을 갖추어야 할 뿐만 아니라 자치 단체 살림을 집안 살림 하듯 알뜰하게 꾸려야 한다. 이러한 형태의 단체장을 〈테크노 민주형〉이라고 부를 수 있을 것이다. 그러한 단체장이 되고 싶다.

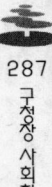